培训任务一

认识电商直播

专项职业能力考核培训教材

电商直播

人力资源社会保障部教材办公室　组织编写

主　编：曹小其　胡青玲

副主编：蔡呈祥　吴红梅

参　编：徐晓晴　许泽欢　陈　云　楼徐愿　徐　梅
俞檬微　严　伟　王丹剑　张　烨　陈贞珍
周超群　丰　承　薛永亮　王颖杰

中国劳动社会保障出版社

图书在版编目（CIP）数据

电商直播 / 人力资源社会保障部教材办公室组织编写. -- 北京：中国劳动社会保障出版社，2020

专项职业能力考核培训教材

ISBN 978-7-5167-4619-6

Ⅰ. ①电…　Ⅱ. ①人…　Ⅲ. ①网络营销－技术培训－教材　Ⅳ. ①F713.365.2

中国版本图书馆 CIP 数据核字（2020）第 116393 号

中国劳动社会保障出版社出版发行

（北京市惠新东街 1 号　邮政编码：100029）

*

北京市白帆印务有限公司印刷装订　　新华书店经销

787 毫米 ×1092 毫米　16 开本　8.75 印张　127 千字

2020 年 7 月第 1 版　　2021 年 7 月第 2 次印刷

定价：36.00 元

读者服务部电话：（010）64929211/84209101/64921644

营销中心电话：（010）64962347

出版社网址：http://www.class.com.cn

版权专有　　侵权必究

如有印装差错，请与本社联系调换：（010）81211666

我社将与版权执法机关配合，大力打击盗印、销售和使用盗版图书活动，敬请广大读者协助举报，经查实将给予举报者奖励。

举报电话：（010）64954652

前　言

职业技能培训是全面提升劳动者就业创业能力、促进充分就业、提高就业质量的根本举措，是适应经济发展新常态、培育经济发展新动能、推进供给侧结构性改革的内在要求，对推动大众创业万众创新、推进制造强国建设、推动经济高质量发展具有重要意义。

为了加强职业技能培训，《国务院关于推行终身职业技能培训制度的意见》（国发〔2018〕11号）、《国务院办公厅关于印发职业技能提升行动方案（2019—2021年）的通知》（国办发〔2019〕24号）提出，要深化职业技能培训体制机制改革，推进职业技能培训与评价有机衔接，建立技能人才多元评价机制，完善技能人才职业资格评价、职业技能等级认定、专项职业能力考核等多元化评价方式。

专项职业能力是可就业的最小技能单元，劳动者经过培训掌握了专项职业能力后，意味着可以胜任相应岗位的工作。专项职业能力考核是对劳动者是否掌握专项职业能力所做出的客观评价，通过考核的人员可获得专项职业能力证书。

为配合专项职业能力考核工作，人力资源社会保障部教材办公室组织有关方面的专家编写了这套专项职业能力考核培训教材。该套教材严格按照专项职业能力考核规范编写，教材内容充分反映了专项职业能力考核细目中的核心知识点与技能点，较好地体现了适用性、先进性与前瞻性。教材编写过程中，我们还专门聘请了相关行业和考核培训方面的专家参与教材的编审工作，保证了教材内容的科学性及与考核细目、题库的紧密衔接。

专项职业能力考核培训教材突出了适应职业技能培训的特色，使读者经过培训，不仅有助于通过考核，而且能够有针对性地进行学习，真正掌握专项职业能力的知识与技能。

教材编写是一项探索性工作，由于时间紧迫，不足之处在所难免，欢迎各使用单位及个人对教材提出宝贵意见和建议，以便教材修订时补充更正。

人力资源社会保障部教材办公室

目　录

培训任务三 开展电商直播

培训任务四　粉丝互动营销

新零售时代的电商直播

近年来，电商直播作为一种新兴的网络零售形式，以持续增长的用户数量和迅速扩大的市场规模，为电商产业的持续发展和传统产业的电商化转型带来了新的机遇。中国消费者协会于 2020 年 3 月发布的《直播电商购物消费者满意度在线调查报告》中指出，2019 年电商直播市场规模达 4 338 亿元，预计 2020 年行业总规模将继续扩大。

一、电商直播的概念

电商直播是运用直播平台对产品或服务进行直播展示的一种营销行为。电商直播的种类很多，既包括直播者利用直播推销产品或服务，也包括在娱乐型社交直播平台上直播者通过直播向其他平台的电商企业引流等。本教材主要介绍直播者利用直播推销产品或服务的技能，也就是电商直播带货技能。

电商直播平台，既包括在传统的电商平台开辟直播区域，如京东直播、淘宝直播等；也包括抖音直播、快手直播、虎牙 TV、斗鱼直播等娱乐型社交直播的平台。

相关法律人士表示，电商直播在法律上属于商业广告活动，主播根据具体行为还须承担“广告代言人”“广告发布者”或“广告主”的责任。如果消费者买到假货，应首先联系销售者即商家承担法律责任，同时主播和电商直播平台也要承担相应的连带责任。

根据国家广播电视总局2019年发布的《关于加强“双11”期间网络视听电子商务直播节目和广告节目管理的通知》，网络视听电商直播节目和广告节目是网络视听节目服务的重要组成部分，节目内容既要遵守广告管理相关法律法规，也要符合网络视听节目管理相关规定。

二、电商直播的发展现状及趋势

（一）电商直播的发展现状

近年来，电商直播走过了流量变现、探索商业模式的发展期，已在平台、用户、主播、供应链、品牌方、服务支持之间形成交易运作的一体化闭环，在零售电商市场几近饱和的当下，轻松迈过了导流困难的门槛。以明星、网红、草根大V等KOL（Key Opinion Leader，关键意见领袖）为代表的电商直播“主力军”，掀起了一股强劲的以内容经济、粉丝经济为发展基础的“带货风潮”，并通过最具真实感的现场直播，迅速赢得了消费者的青睐。

2020年第一季度，“宅经济”成为市场热点。据商务部大数据监测显示，2020年一季度我国电商直播超过400万场，其中家居用品、厨具、健身器材等产品的销量同比增长超过40%，笔记本电脑、打印机、键盘等居家办公用品的销量也出现了超过10%的增长。电商直播的独特优势进一步凸显。

一是开启了“云逛街”的网络购物模式。消费者足不出户宅在家里就能逛遍心仪的街市店铺。由于不再和店家面对面接触，消费者能够获得更轻松的消费购物体验，哪怕不买东西，也不会有心理负担。此外，电商直播还提供了秒杀、抽奖、送红包等丰富的优惠形式，大大提升了消费者的购物乐趣。

二是实现了所见即所得的线上购物体验。与传统电商购物只能通过照片和视频了

解产品不同，在电商直播过程中，消费者不仅可以通过主播的演示了解更多商品的细节，还能通过直播走进生产基地，看到产品生产过程，与主播即时互动等，大大提升了线上购物的真实感和信任感。

三是全面激活粉丝经济。所谓粉丝经济，就是一种通过提升消费者黏性，以口碑营销形式获取经济利益与社会效益的商业运作模式。当下围绕在明星、网红等 KOL 周边的粉丝群体能够通过电商直播平台瞬间聚集，即时营销，极大提升了粉丝经济变现的便利性，从而全面激活了粉丝经济。

业内专家认为，相比电视购物，电商直播不是用夸张的语言和戏剧效果来实现“饥饿营销”，而是更强调主播与受众的交互和共情，符合互联网时代用户的社交习惯。

（二）电商直播的发展趋势

随着 5G 时代的到来，网速越来越快，流量越来越便宜，除了给电商直播的发展提供技术保障外，也将深刻影响其他产业的电商化发展转型。

一是实体店的线上线下销售渠道将被进一步打通，商家需要通过直播平台的大数据、VR（Virtual Reality，虚拟现实技术）、AR（Augmented Reality，增强现实技术）等新技术手段打造消费场景，实现全渠道销售；同时还需要掌握过硬的线上营销技巧，培养自己的电商主播。

二是几乎所有的消费场所和生产场地都可以“变身”成为直播间，如商场、批发市场、工厂、体育场、电影院、蔬菜大棚、海鲜市场、菜市场等都可以依托直播平台开展线上销售。

三是直播市场的不断扩大将进一步倒逼生产企业进行供应链改造。生产企业需要建立快速、超柔性的生产线，即非现货的商品在直播间成交后，信息能够即时反馈给生产商，生产商以最快的速度完成生产后将商品送达消费者手中。

在可以预见的未来，电商直播对消费市场乃至社会生活都将产生巨大影响，电商直播无疑将成为所有企业的标配，成为一种主流营销模式，而电商直播专项技能也将成为商家必备的职业技能。

学习单元 2

电商直播从业人员要求

一、电商直播从业人员职业道德要求

电商直播从业人员的职业道德是电商直播从业人员在职业活动中所应具备的职业信念和价值观，也是电商直播从业人员开展职业活动的行为指引。从业人员良好的职业道德能够有效促进电商直播行业的稳定、快速发展。

电商直播作为一种新兴的电子商务营销模式，相关行业规范和制度都尚在完善之中，作为从业人员，应当首先遵守爱岗敬业、诚实守信、遵纪守法、服务社会的基本职业道德。其次，针对电商直播行业信息效率高、流通环节少、交易成本低、发展升级快等特点，从业人员还应在职业活动中秉持勤于学习、乐于思考、勇于实践、敢于创新的职业信念，不断提高自身素质，加强职业道德修养，为电商直播行业的规范、健康发展贡献自己的力量。

二、电商直播从业人员职业素养要求

电商直播从业人员的职业素养是指电商直播从业人员在职业活动中所应具备的职

业知识技能和行为习惯。目前，电商直播从业人员的职业素养主要由商业素养、新媒体素养和综合素养三部分组成。

（一）商业素养

电商直播作为一种全新的营销模式，本身就是商业活动中的重要一环，因此，从业人员需要具备基本的商业素养，具体包括以下四个意识：

市场意识，即在商业活动中按照市场需求提供专业服务，按照市场经济规律谋划发展的意识。

风险意识，即在商业活动中对时间、成本、人员、效益等商业运营环节可能存在的风险进行预判、规划和应对的意识。

规则意识，即在商业活动中自觉遵守商业活动伦理、行业规范和企业制度的意识。

服务意识，即在商业活动中为相关利益方、合作方提供热情、周到、主动服务的意识。

（二）新媒体素养

电商直播作为一种全新的营销模式，其创新之处就在于新媒体技术和平台的广泛介入，因此，从业人员需要具备基本的新媒体素养，即适应全新媒介环境和社会关系变化，构建更大、更好的社交网络所必须掌握的基本知识技能与行为规范，具体包括以下几个方面。

媒介意识，即能够充分认识所使用的新媒体技术和平台的特殊媒介属性，掌握相应的信息渠道和格式，从而适应超文本、网络化的交流模式。

视觉化能力，即在以视频和图像方式为主导的网络平台，具备以图像化处理为主要方式的网络工作能力，能够适应更加视觉化的沟通交流模式。

信息组织能力，即能够在海量的网络信息中识别有效信息，并根据自身需求对有效信息进行组织，以实现有效交流的能力。

创新意识，即在日新月异的网络环境下能够以现有的思维模式提出有别于常规或常人思路的见解，利用现有的知识和物质，在特定的环境中，本着理想化需要或为满足社会需求而改进或创造新事物（包括产品、方法、元素、路径、环境等）的意识。

（三）综合素养

电商直播作为一种全新的营销模式，尚处在发展阶段，因此需要从业人员具备过硬的个人综合素养，为行业的持续发展提供支撑。结合电商直播行业属性，从业人员应具备的综合素养包括：

团队合作意识，即具有良好的团队意识和精神，能够围绕一个统一目标，在团队内部进行有效的组织协调工作。

沟通交流能力，即能够在事实、情感、价值取向和意见观点等方面采用有效且适当的方法与对方进行沟通和交流的能力。

复盘能力，即具备通过对某个周期、阶段或时间点的思维、行为进行回顾、反思和探究，进一步提升自身思考与行动水平的能力。

抗压能力，即能够承受高压工作环境、职业逆境等带来的心理压力，有效调节负向情绪的能力。

三、电商直播从业人员知识技能要求

（一）开播阶段

1. 技能要求

（1）能根据平台规则开通直播。

（2）能根据规范和标准选择商品。

（3）能根据选品要求搭建直播场景。

（4）能拍摄并剪辑短视频。

2. 相关知识要求

（1）了解直播功能开通流程。

（2）了解选品规范和选品标准。

（3）掌握直播间场景搭建技巧。

（4）掌握短视频拍摄与剪辑技巧。

（二）直播阶段

1. 技能要求

（1）能运用引流工具进行账号引流。

（2）能根据选品进行分享讲解。

（3）能流畅、自然地开展直播，体现较好的综合职业素养。

2. 相关知识要求

（1）掌握账号引流技巧。

（2）掌握直播展示基础知识。

（3）掌握直播表现技巧。

（三）售后阶段

1. 技能要求

（1）能处理平台订单。

（2）能根据具体问题开展售后服务。

（3）能开展粉丝互动营销。

2. 相关知识要求

（1）熟悉订单处理（接单、发货）流程。

（2）掌握售后服务基础知识。

（3）掌握粉丝营销基础知识。

培训任务二

电商直播准备

开通直播权限

一、直播权限

直播权限是直播平台对于各类账号开通直播功能的具体要求和规范。开通直播权限是电商直播准备阶段的首要任务。以下主要介绍淘宝直播和抖音直播两个平台的直播权限要求。

（一）开通淘宝直播权限

淘宝直播是阿里巴巴推出的直播平台，定位于消费类直播。

1. 淘宝直播权限开通条件

不同类型的淘宝账号开通淘宝直播权限的条件各有不同，主要分为商家直播权限、个人直播权限、机构直播权限和其他身份直播权限四类。

（1）商家直播权限开通条件。商家直播权限主要面向个人店铺和企业店铺开放。商家（珠宝类目除外）直播权限开通条件如下。

①淘宝店铺信用等级在一钻或一钻以上（企业店铺不受该条件限制）。

②店铺主营类目在线商品数为 5 个或 5 个以上，且近 30 天店铺销量为 3 个或 3 个以上，近 90 天店铺成交金额至少 1 000 元。

③近 30 天店铺动态评分（即 DSR 评分，DSR 指卖家服务评级系统）均≥4.5 分。

④近 30 天店铺纠纷退款率不超过店铺所在主营类目纠纷退款率均值的 5 倍，或纠纷退款笔数不超过 5 笔。

⑤近 30 天店铺品质退款率不超过店铺所在主营类目品质退款率均值的 3 倍，或品质退款笔数不超过 5 笔。

⑥卖家须符合《淘宝网营销活动规则》。

⑦本自然年度内店铺不存在出售假冒商品的违规行为。

⑧本自然年度内店铺未因发布违禁信息或假冒材质成分的严重违规行为扣分满 6 分及 6 分以上。

⑨卖家具有一定的客户运营能力。

⑩店铺微淘账号层级达到 L1 级别及 L1 级别以上，微淘粉丝数量为 1 万 ~ 3 万（不同类目对微淘粉丝数量要求不同）。

（2）个人直播权限开通条件。个人直播权限主要面向达人且未开店的个体开放。个人直播权限开通条件如下。

①淘宝账号须绑定已经实名认证的支付宝账号，且已经注册成为淘宝达人（申请人必须年满 18 周岁，且同一身份信息下只允许一个淘宝账号入驻）。

②达人账号层级至少达到 L2 级别。

③需要有较好的控场能力、表达能力（思路清晰、口齿伶俐）及即兴表现能力（粉丝互动性强）。主播需要上传一份本人出镜的高质量视频，时间在 1 分钟以内。

1. 为了在 1 分钟以内充分展现自己的直播能力，主播提交的展示视频不要仅限于自我介绍。

2. 入驻不通过，页面会显示不通过的具体原因。

3. 如果既开通了店铺，又注册成为淘宝达人，建议以商家身份入驻。但需要注意的是，以商家身份开通直播权限后，要想再通过达人身份直播，需将店铺关闭。

（3）机构直播权限开通条件。机构直播权限主要面向 MCN 机构（旗下有大量主播，且与其他直播平台有成功合作经验的经纪公司）、专业节目制作机构、直播服务商开放。

图 2-1　淘宝直播入驻二维码

（4）其他身份直播权限开通条件。其他身份直播权限主要面向明星、村播、基地（如服饰基地、农产品基地等）开放。

2. 开通淘宝直播权限操作方法

进入“手机淘宝”APP，在首页顶部搜索框中搜索关键词“淘宝直播入驻”，或点击首页左上角扫码图标⌈⌋，扫描如图 2-1 所示的淘宝直播入驻二维码，即可进入如图 2-2 所示的“淘宝直播入驻指南”页面，然后根据自己的情况选择对应的身份进入相应页面，按照系统要求分步操作即可。

图 2-2　“淘宝直播入驻指南”页面

小提示

达人身份的主播也可以通过“淘宝主播”APP入驻，方法是进入“淘宝主播”APP，按照【主播入驻】-【实人认证】-【填写资料】-【手机直播】的顺序依次操作。

（二）开通抖音直播权限

抖音直播是北京字节跳动科技有限公司推出的直播平台，定位于社交类短视频直播。

1. 抖音直播权限开通条件

个人注册账号后，通过实名认证即可开通直播权限。如需开通购物橱窗，则需要满足粉丝数量超过1 000人、个人发布视频作品超过10个，或认证为商家账号（需支付一定数额的押金）的条件。在计算机端用直播伴侣进行直播，需要满足粉丝数量超过1 000人的条件，且该功能仅支持Windows系统。

企业账号只要完成平台认证即可开通直播权限。

2. 开通抖音直播权限操作方法

（1）个人实名认证步骤（见图2–3）

打开抖音个人主页后，点击右上角按钮，选择其中的【设置】，然后选择【账号与安全】，在“账号与安全”页面中找到【实名认证】，根据系统要求填写相关信息后，点击【开始认证】，系统会提示认证后信息将不可更改，此时点击【确认认证】，待收到“申请开通成功”提示后，即可开始个人直播。需要注意的是，目前抖音直播平台的个人直播功能不向未成年人开放。

（2）企业认证步骤

企业用户可以登录抖音官网，在【企业合作】条目下选择【企业认证】，根据系统

11:38
编辑资料
+好友
熊二做饿梦
抖音号: ZG75700
商品橱窗
天龙盖地虎，汉堡鸡腿臭豆腐~
合作：ZG166881（注明来意）
我的官方合作
20岁 厦门 厦门大学
118.8w获赞 15关注 42.5w粉丝 1好友
作品 41 转发 0 喜欢 33
置顶
86.3w
872.6w
531.3w
这么大块的午餐肉
首页 湖里 + 消息 80 我

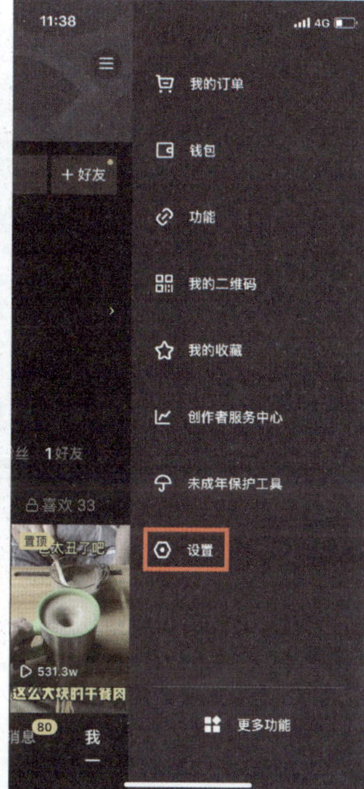
11:38
我的订单
钱包
功能
我的二维码
我的收藏
创作者服务中心
未成年保护工具
设置
更多功能

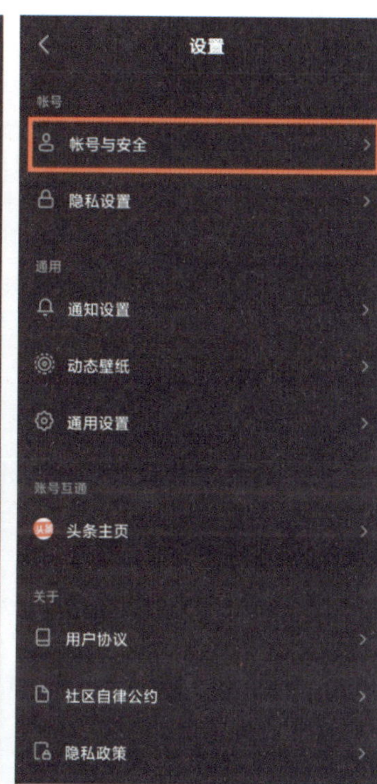
设置
帐号
帐号与安全
隐私设置
通用
通知设置
动态壁纸
通用设置
帐号互通
头条主页
关于
用户协议
社区自律公约
隐私政策

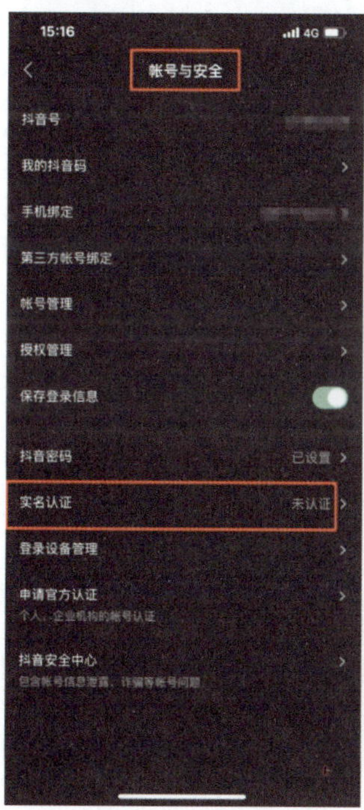
15:16
帐号与安全
抖音号
我的抖音码
手机绑定
第三方帐号绑定
帐号管理
授权管理
保存登录信息
抖音密码 已设置
实名认证 未认证
登录设备管理
申请官方认证
个人、企业机构的帐号认证
抖音安全中心

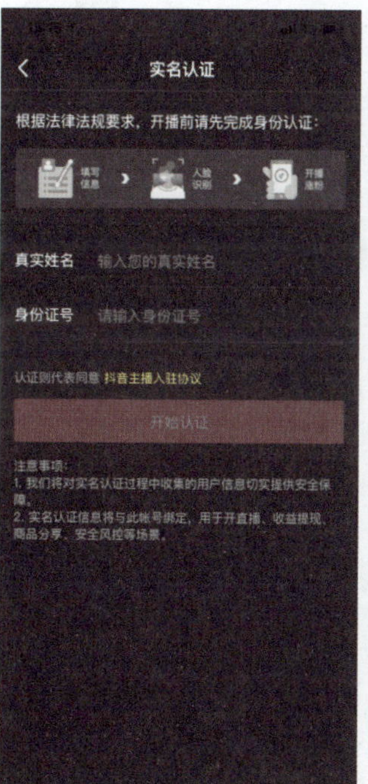
实名认证
根据法律法规要求，开播前请先完成身份认证：
真实姓名 输入您的真实姓名
身份证号 请输入身份证号
认证则代表同意 抖音主播入驻协议
开始认证
注意事项：

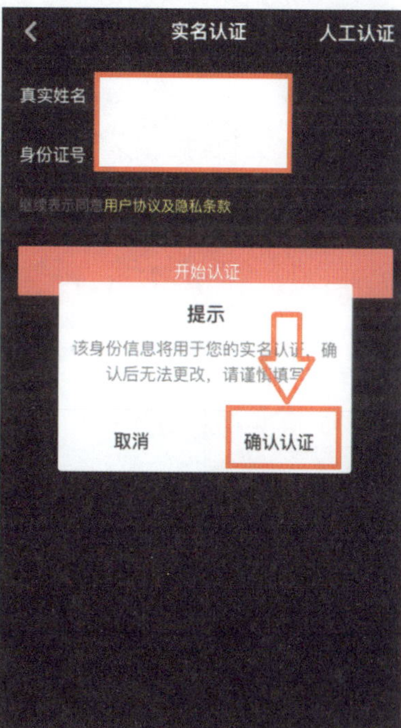
实名认证
人工认证
真实姓名
身份证号
用户协议及隐私条款
开始认证
提示
该身份信息将用于您的实名认证，确认后无法更改，请谨慎填写
取消
确认认证

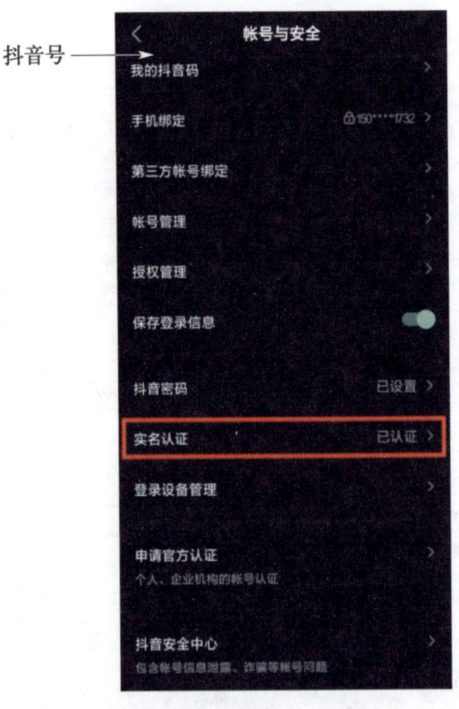

图 2-3　个人实名认证步骤

要求填写相关信息，完成认证后即可以企业账号开通直播功能。

认证要求如下。

①账号需绑定手机号。

②账号信息应符合企业身份，包括头像、用户名、签名等均不能以个人身份申请认证。

③申请企业认证需支付审核服务费，认证一年有效，认证账号需参加抖音直播平台年审。

以官方认证的企业账号开展直播，可以更好地经营自身品牌。企业账号进行直播，只需要在打开抖音企业主页后点击右上角的按钮，选择其中的【设置】，然后点击进入【企业服务中心】，在【变现能力】一栏中点击【开始直播】即可。

二、直播平台规则

随着电商直播的爆发式增长，各类电商直播平台蜂拥而至，多平台的出现，在促进直播行业快速发展的同时，也带来了恶性竞争、管理无序等问题。为此，主流电商直播平台都发布了各自的直播规则。对于依托相关平台开展直播的主播们而言，不仅需要学习掌握具体规则，更需要在直播过程中严格遵守相关规则和条例。

目前，电商直播中较为常见的通用性规则主要涉及信息发布、主播和直播间环境三个方面，如图 2–4 所示。

➢ 信息发布	➢ 主播	➢ 直播间环境
1) 不得发布危害信息，包括但不限于敏感信息、淫秽色情信息 2) 不得发布不实信息，包括但不限于捏造细节、夸大事实、不实宣传、虚假中奖信息、所推广商品信息与实际不一致 3) 不得发布垃圾广告	1) 着装得体，不得穿着过于暴露 2) 言论严谨，不能发表违反国家法律法规的言论，不能说脏话 3) 行为端正，严禁直播违法乱纪事件，严禁展示危险事件，严禁穿着过于暴露进行舞蹈，严禁表演高危舞种、低俗诱惑性舞蹈等	1) 严禁在敏感时期、敏感场景中或反党反动的环境中进行直播 2) 严禁在私密环境下进行直播表演 3) 严禁在涉黄、涉赌场所进行直播表演

图 2–4 电商直播通用性规则

除上述通用性规则外，各直播平台还依据自身的定位和特点制定了相应的平台操作细则，在此以淘宝直播和抖音直播两大平台为例介绍相关要求。

（一）淘宝直播平台规则

1. 淘宝直播内容要求

目前淘宝直播平台的内容创作管理主要针对三类违规内容，即推广假冒商品、严重违规和一般违规。需要注意的是三类违规内容独立扣分、分别累计、分别执行。

推广假冒商品，是指内容涉及推广假冒注册商标商品或盗版商品的行为。

严重违规，是指内容涉及除推广假冒商品外其他严重破坏平台运营秩序或涉嫌违反国家法律法规规定的行为。

一般违规，是指除推广假冒商品和严重违规外的其他违规行为。

具体细则以及惩罚办法可查看淘宝官网《淘宝平台规则总则》中的《内容创作者管理规则》。

2. 淘宝直播封面图要求

淘宝直播封面图要求包含频道要求和手机淘宝首页要求两个部分。主播上传的封面图需要同时满足这两个部分的要求。

（1）频道要求

①不得出现任何文字（客户端的贴纸除外）。

②不得出现拼接图、边框图。

③画面完整，主体突出，不可花哨，且不可有细碎物体。

④封面图中如有除主播外的人物，或使用明星、名人图片，需要提前获取肖像权和版权。

⑤图片为 750 毫米 ×750 毫米的正方形图。

⑥发布预告视频时，最好不要有水印，画面应整洁，突出重点。

（2）手机淘宝首页要求

①不得出现任何文字（拍照背景也不得出现任何文字）。

②不得出现未授权的品牌 logo（徽标或商标）。

③不得出现大面积黑色图。

④图片为 16∶9 的长方形图。

⑤封面图内容尽量与频道封面图内容保持一致。

⑥发布预告视频时，封面图与直播间的主播形象要统一，且画面赏心悦目，视频内容、创意、展现形式有代表性。

（3）各类目封面图要求

①护肤美妆类封面图如图 2–5 所示，其要求如下。

图 2–5　护肤美妆类封面图

- 必须为主播人物高清图片，不宜仅仅以商品作为封面图。
- 可选择主播护肤或化妆后半身或特写照片。
- 需与直播标题涉及的妆容类型保持一致。例如，标题为“动物仿妆技能 get”，其封面图应为动物仿妆的照片。

②潮流搭配类封面图如图 2–6 所示，其要求如下。

- 必须为主播人物高清图片，不宜仅仅以商品作为封面图。
- 选择突出人物穿搭效果的全身照或特写照，体现商品的特色和细节。

图 2-6　潮流搭配类封面图

● 需与直播标题涉及的搭配类型保持一致。例如，标题为“手把手教你丸子头”，其封面图应为扎好丸子头后的照片。

③母婴类封面图如图 2-7 所示，其要求如下。

图 2-7　母婴类封面图

● 必须为主播人物或者母婴类商品的高清图片（应提醒未满 18 岁的未成年人进入直播间需要经过监护人同意）。

● 母婴类封面图中的人物穿着应避免过分暴露，宜选择充满童趣、风格可爱、暖色调的照片，不要选择黑白照片。

● 需与直播标题涉及的内容场景保持一致。例如，标题为“童车总动员”，封面图应为童车图片。

④美食类封面图如图 2-8 所示，其要求如下。

图 2-8　美食类封面图

● 必须为主播人物、主播与美食或美食的高清图片。

● 如果采用美食图片，要求图片上的食物完整呈现、色泽新鲜、摆放立体、造型有趣或美观，光线明亮，构图兼具艺术性和生活性。

● 需与直播标题涉及的美食类型保持一致。例如，标题为“沙拉搞定只要 3 步”，封面图应为与沙拉相关的照片。

⑤生活类封面图如图 2-9 所示，其要求如下。

图 2-9　生活类封面图

- 必须为主播人物、生活场景或相关商品的高清图片。
- 如果采用生活场景的照片，要求整体构图自然（消除摆拍痕迹），凸显生活细节，体现视觉色彩层次，背景简洁干净。
- 需与直播标题涉及的生活场景保持一致。例如，标题为“换季收纳小妙招”，封面图应为与家庭收纳场景相关的照片。

3. 淘宝直播间场景布置要求

（1）直播间背景宜选择纯色背景墙，浅色为佳。

（2）直播间道具要求摆放整齐。

（3）直播间要求照明充足，但不宜过亮，以免分散观众注意力。

图 2-10、图 2-11 所示为淘宝直播间场景布置示例。

注意：不同类型的场景直播，其直播要求会有所区别，务必遵守直播平台的相应规则。

图 2-10　淘宝直播间场景布置示例一

图 2-11　淘宝直播间场景布置示例二

（二）抖音直播平台规则

1. 抖音直播内容要求

目前，抖音直播平台对直播内容的管理主要有“七条底线”要求，即发布内容和信息不可违反或违背法律法规、社会主义制度、国家利益、公民合法权益、社会公共秩序、道德风尚和信息真实性。具体管理细则可查看抖音官网《“抖音”用户服务协议》中的抖音信息内容展示与规范条目。

需要注意的是，未成年人直播、冒充官方、非本人实名认证开播等均属于严重违规。对于发生严重违规的主播，平台将永久封禁主播账号或永久封禁开播，并保存相关违法违规资料。

2. 抖音直播封面图要求

抖音直播封面图要求画质清晰，无杂乱背景。颜值主播的封面图照片需要露脸，才艺主播的封面图应明确表明才艺内容，使用表演才艺的照片尤佳。手工、绘画、萌宠等直播封面图不要求主播本人出镜，可使用作品照片，但照片必须清晰。

需要注意的是，使用非本人照片或与直播内容无关的图片，如明星、风景、卡通形象等图片，着装过于暴露、动作低俗不雅的图片，像素过低、有拼图、自拍贴纸、马赛克、文字、广告（如相机 logo）、二维码、有黑边或白边等的图片，将一律被抖音直播平台视为低质封面图，不仅影响主播登上推荐页，甚至可能使主播的直播间被隐藏。

3. 抖音直播间场景布置要求

（1）直播间环境布置要求简洁、大方，背景不花哨、凌乱，以浅色纯色背景为主（如浅灰色系墙壁或窗帘等，不建议使用纯白墙）。

（2）直播间布光应以散光源为主，整体光线柔和。

小提示

各直播平台会根据相关政策及市场竞争形势的变化实时调整平台规则和要求，主播应随时关注平台规则和要求的变化，按要求开展直播活动。

三、直播平台操作

（一）淘宝直播平台操作

目前淘宝直播平台有 3 个终端，分别为淘宝直播计算机客户端、“淘宝主播”APP

和“淘宝直播”APP。

1. 淘宝直播计算机客户端操作

（1）登录淘宝直播中控台（网址为：https://liveplatform.taobao.com/live/live_detail.htm），点击左侧【发布直播】，选取“普通直播”，点击【开始创建】即可，如图 2-12 所示。（注：“VR 直播”暂未上线。）

图 2-12　登录淘宝直播中控台创建直播

（2）设置直播形式。如图 2-13 所示，直播活动有日常直播间、上新直播间和聚划算直播间三种类型，直播画面有竖屏和横屏两种，主播可根据自身需求进行选择。

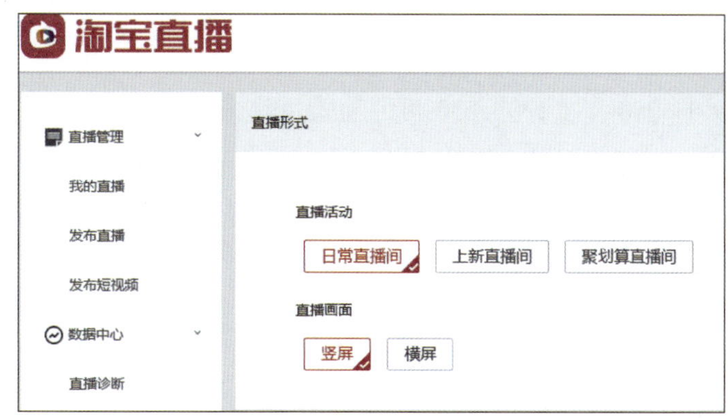

图 2-13　设置直播形式

（3）准确填写直播信息，如图 2–14 所示。直播信息包含直播开始时间、封面图、标题、简介、直播栏目和直播位置 6 项，主播需依次填写。

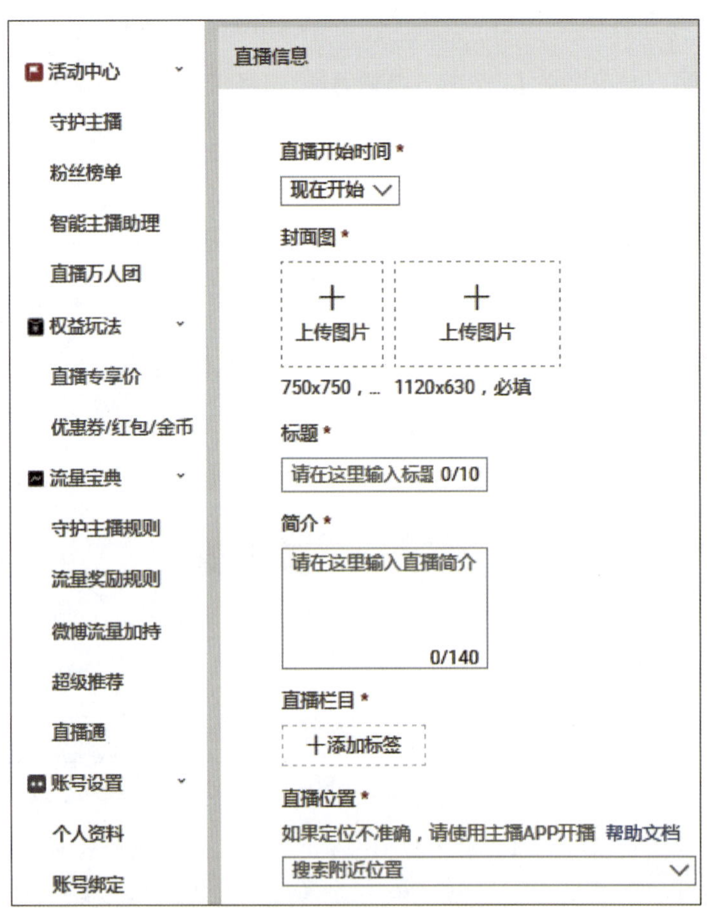

图 2–14　准确填写直播信息

直播开始时间分为现在开始和设置时间两种，主播可根据自身需求进行选择。

封面图有 750 × 750 和 1 120 × 630 两种制式可选，因目前多采用竖屏直播，建议选择 750 × 750 的正方形图片制式（单位为毫米）。

标题填写要求在 10 个字符以内，且不得出现违规词语。

简介填写要求在 140 个字符以内，可简要概括直播内容和特点。

直播栏目要求主播根据直播内容选择匹配的标签，如图 2–15 所示。

填写直播位置时，主播在开启手机定位设置后，系统会自动定位。

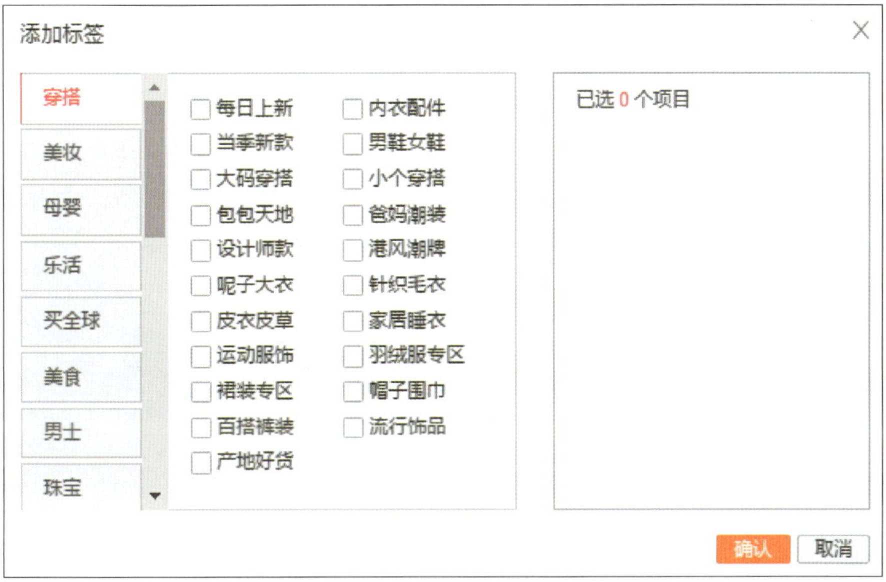

添加标签
穿搭
美妆
母婴
乐活
买全球
美食
男士
珠宝
每日上新
当季新款
大码穿搭
包包天地
设计师款
呢子大衣
皮衣皮草
运动服饰
裙装专区
百搭裤装
产地好货
内衣配件
男鞋女鞋
小个穿搭
爸妈潮装
港风潮牌
针织毛衣
家居睡衣
羽绒服专区
帽子围巾
流行饰品
已选 0 个项目
确认
取消

图 2–15　直播标签

（4）点击右上角【正式开播】按钮后，即可开始直播，如图 2–16 所示。

淘宝直播
直播管理
我的直播
发布直播
发布短视频
活动中心
守护主播
粉丝榜单
智能主播助理
权益玩法
直播专享价
优惠券/红包/金币
流量宝典
多多少少
直播已开始，请尽快开播
同步到
扫码看直播
正式开播
设置
主播说
大家说
禁言用户
暂时没有评论
点击
直播实时数据
在线人数
观看
直播未开始
直播未开始

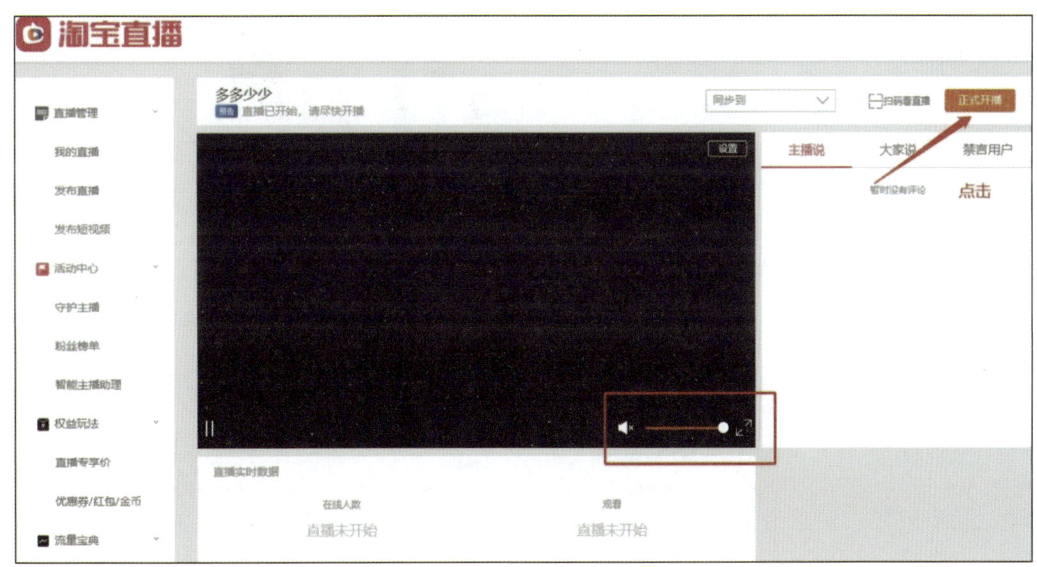

图 2–16　点击【正式开播】按钮

2. “淘宝主播”APP 操作

打开“淘宝主播”APP，首页有手机直播（直播功能键）、拍摄视频（视频功能键）、主播任务（系统提供的直播活动）、直播小店（直播商品和订单管理页面）、主播等级（个人直播等级展示）、在线商学院（官方直播学习教程）等功能模块。点击【手机直播】即可开始直播，如图 2–17 所示。

添加封面图后，点击【开始直播】按钮，即可进入直播间，如图 2–18 所示。

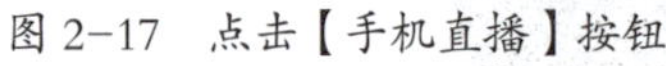
图 2–17 点击【手机直播】按钮

图 2–18 开始直播

在直播间中，点击【更多】按钮，如图 2–19 所示，选择【工具】选项（通知粉丝、同步微博、信息卡），可以及时提醒点击了关注的粉丝直播已上线；选择【互动】选项（连麦 PK、主播连麦、粉丝连麦），可以提高直播间人气，获得更多直播打赏；选择【商品发布】，可以向关注直播间的粉丝推广商品，提高转化率。

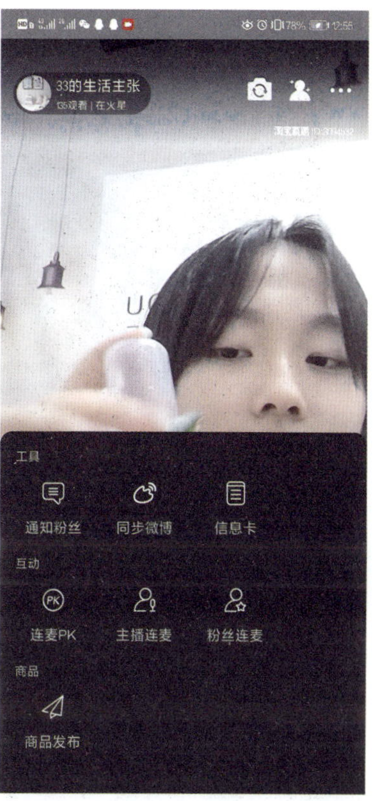

图 2-19 点击【更多】按钮

向右滑动直播页面可以查看直播即时数据，如观看次数、直播间浏览次数、实时在线人数、新增粉丝数、平均观看时长等，方便主播及时了解直播间的动态，如图 2-20 所示。

直播结束时，系统会告知本次直播共收获多少个赞，此时点击左下角的【结束直播】按钮，可结束本场直播，如图 2-21 所示。

3. “淘宝直播”APP 操作

“淘宝直播”APP 是一款专门用于观看直播的 APP，仅提供观看服务，不具备直播功能。新手主播注册登录后，可通过观看其他主播的直播节目，学习直播技巧。

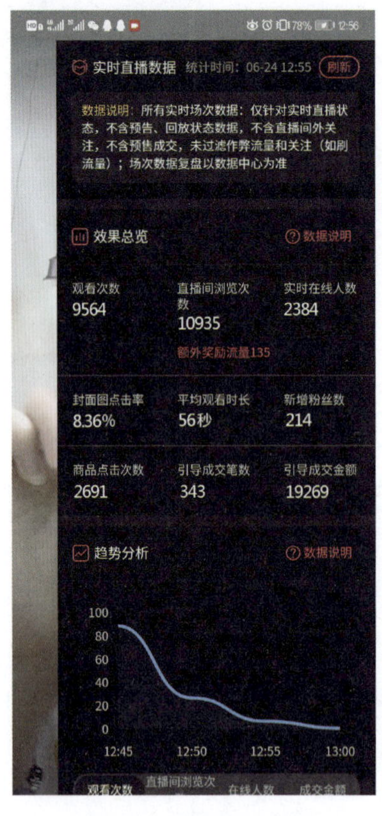

图 2–20 直播即时数据

图 2–21 结束直播

（二）抖音直播平台操作

抖音直播主要集中在手机端，分为视频直播、语音直播和游戏直播三类，直播带货以视频直播为主，具体操作方法如下。

打开“抖音短视频”APP，页面最下方会出现 5 个按钮：首页（抖音首页）、同城（用户位置）、“+”（直播功能键）、消息（来自系统的消息）、我（个人主页面）。

点击中间的“+”键，即可开始直播。

开始直播前主播需设置好封面图、话题、美化、道具等，如图 2–22 所示。其中，封面图要选择与直播内容高度匹配的图片；话题选择要紧扣直播主题，可简单概括，字数控制在 14 个字符以内；对于美化功能，主播可根据个人状况和直播需求有选择地开启，如主播个人气色不佳可选择美颜，主播售卖化妆品可选择个人滤镜等；道具可用于活跃直播间的气氛，增添直播趣味性，主播可根据直播内容进行选择，如在特定节日直播时选择增添节日氛围的小道具等。

设置完毕，点击【开启视频直播】按钮，倒数 3 秒，即可开始直播，如图 2-23 所示。

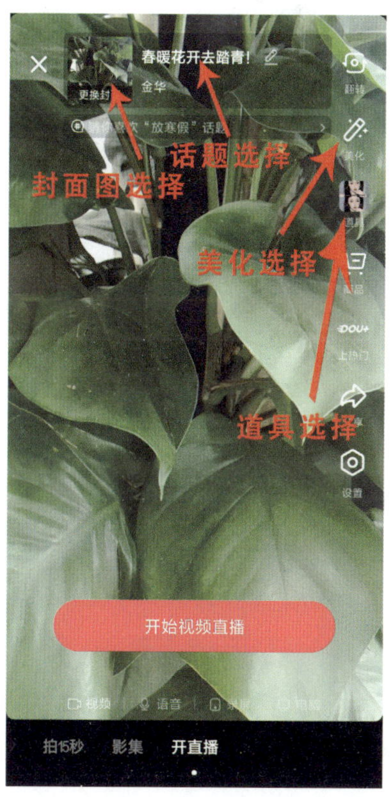

图 2-22　直播前设置

图 2-23　开始直播

小提示

直播开始后，在页面最下面一行还可选择多种娱乐方式，如 PK、主播连线、K 歌等。

结束直播，点击页面右下角结束按钮，【确定】结束直播，如图 2-24 所示。直播结束后主播可以查看本场直播数据，包括收获音浪、观众总数、新增粉丝、付费人数、评论人数和点赞次数等，如图 2-25 所示。

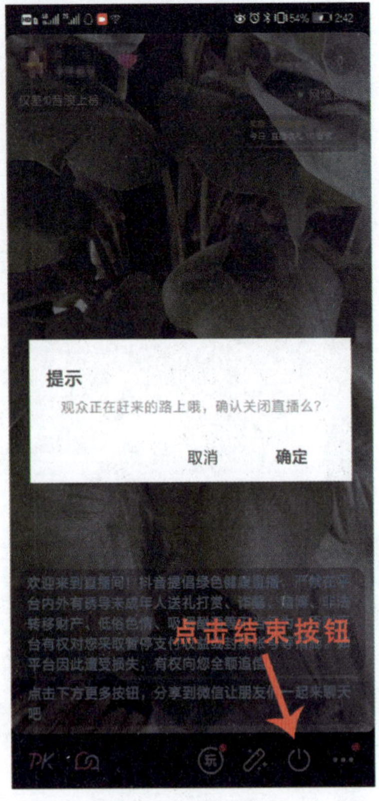

图 2-24　结束直播

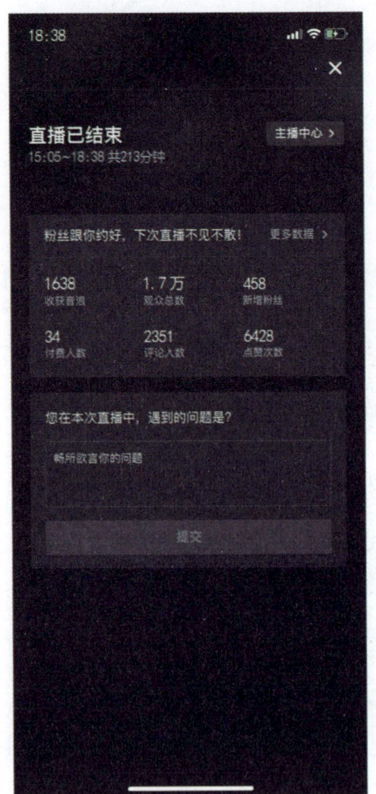

图 2-25　本场直播数据

直播选品

电商直播带货并不是一锤子买卖，主播应把产品视为一种媒介和渠道，最终目的是实现消费者对主播直播间相关产品的持续性购买。所以，直播带货应做好选品和价格让利谈判，用消费者乐于接受的方式进行直播带货，实现商家、消费者以及平台等多方共赢。

目前，有关部门尚未出台关于直播产品的具体规范，相关平台和商家开展直播活动主要依据2018年起实施的《电子商务产品质量信息规范》(GB/T 33992—2017)。

一、直播选品标准

对于一场成功的带货直播而言，选品是第一要务。规范化的电商直播需要在选择产品之前就制定明确的标准，实现规范选品。

(一)产品渠道正规合法

2019年11月，中国消费者协会通过互联网舆情监测系统发布的一份调查报告显示，对于网络购物，近六成消费者担心产品质量问题，超过四成消费者担心售后问题。

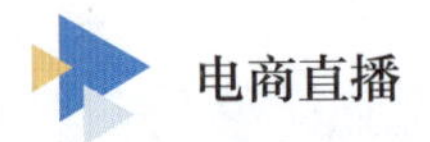

因此，电商直播带货作为消费者网络购物的重要方式之一，需要严把产品质量关。

为确保产品以及售后服务质量，主播应选择来自正规合法企业的产品。相关企业必须经国家备案（可以通过工商系统网站查询），并且没有违规记录，没有被列入失信黑名单。

（二）产品应时应景

电商直播带货需要紧跟市场趋势，所以产品是否应季就显得尤为重要。主播们要选择和时令相匹配的产品，尽量避免选择过季产品作为主推产品。

（三）产品卖点明确

产品的卖点是打动消费者的关键。选择卖点明确的产品，也就是要选择在外观、款式、质地、功能等方面拥有较为显著特点的产品。有卖点才会有市场，产品卖点明确，可以帮助主播打破消费者心理防线，促成消费者购买行为。

（四）产品销量高

销量高的产品具有较为成熟的消费市场，容易被消费者接受。在直播带货的前期，可以选择销量较高的产品，以带动用户的消费欲，同时积累用户的信任感，如图 2–26 所示。

图 2–26　销量高的产品

（五）产品性价比高

电商直播带货的核心不只是主播和产品，产品的性价比更为重要。高性价比、低客单价的产品在直播带货中会更具有优势，可以作为引流产品，用来吸引消费者目光。例如，淘宝主播薇娅直播带货的产品永远都会给粉丝“全网最低价”且“无条件退换”的福利，最大限度地保证消费者的权益，另一方面也让消费者对主播产生极大的信任感，提升复购率。

二、直播选品技巧

（一）选择颜值高的产品

主播在选择产品时应尽量选择一些外观漂亮、设计感强的产品，以抓住消费者的眼球，使消费者产生购买意愿。

（二）选择品质过硬的产品

电商直播带货，主播的信誉至关重要。如果产品存在质量问题，会直接影响主播的形象和人设。主播在选品时要重点关注品质过硬的产品，如得到权威机构认证、业内口碑极佳的产品等。

（三）选择复购率高的产品

电商直播带货，主播的粉丝群体相对稳定。产品的购买频次不但会影响主播的收益，还会影响粉丝的活跃度，因此可以尽量选择一些复购率较高的产品，如零食、日用品、化妆品等快消品。如果粉丝购买后体验良好，就会选择在主播的直播间再次购买。

（四）选择便于运输的产品

物流是影响客户体验的重要因素，每一次愉快的购物体验可以为以后的购物奠定基础。主播应尽量避免选择不便运输、易碎、易烂的产品。

（五）选择其他主播直播间销量较好的产品

新手主播在选品时可以优先考虑那些已经在其他主播直播间有较好销售表现的产品。跟卖此类产品，可以帮助新手主播在前期提高直播间的成交量。

（六）根据粉丝需求选品

主播在选品时还要充分考虑到自己的直播账号上粉丝的需求。卖粉丝需要的产品才可能获得较高的回报，并稳固自己的粉丝群体。因此，了解粉丝的需求对于选品非常重要。例如，李佳琦的公众号中就设有专门的“产品许愿”板块，让粉丝表达需求，这为其后期的选品提供了重要参考。主播要随时关注粉丝在直播间提出的需求，有的主播甚至会在直播的最后直接在直播间询问粉丝的需求，这样做不仅可以直接获取到粉丝的需求，同时也可以让粉丝产生一种“主播下次会卖我需要的产品，我下次还来他的直播间”的期待感。

案例

罗永浩首次直播带货

罗永浩首次直播带货就取得了累计观看人数超过 4 800 万，支付交易总额达到 1.7 亿元的好成绩。这虽然离不开罗永浩本人自带的名人光环，但是精准的选品眼光也是一击制胜的关键所在。

作为“锤子科技”创始人的罗永浩，第一次直播就选择了小米 2020 年的新款旗舰手机，这款机型本身就已经受到广泛关注，而罗永浩为“前”友商直播带货，则进一步提升了话题性和关注度，造成了“未播先热”的盛况。

其次，选择应季的小龙虾，以低廉的价格吸引用户，直播当天就成交了 15.98 万单，成为罗永浩直播间销量第一的产品，再一次佐证了“物美价廉、薄利多销”的直播间生存法则。

而选择高端网红商品——钟薛高雪糕，则再一次显示了罗永浩的“慧眼”，产品本身因为高颜值已获取一大批粉丝，罗永浩的“吃货”属性又吸引了原本的粉丝，另外直播间的低价也有效转化了直播间前期积累下来的潜在消费者。钟薛高雪糕在直播间被秒杀2万多件，为罗永浩直播间的彪炳战绩再添一笔。

学习单元 3

搭建直播场景

一、搭建直播场景应考虑的因素

（一）规划直播间面积和成本

对于直播间面积，要做好前期规划，要提前思考场地的具体使用安排，避免后期出现场地过大或过小等问题，导致直播效果不佳。穿搭类的直播间面积建议为 15 ~ 20 平方米，美妆类直播间面积建议为 5 ~ 10 平方米。

直播间的硬装成本单价会因销售层次和场地面积大小有所浮动，一般建议将直播间的硬装成本控制在 500 元 / 平方米左右。

（二）确保稳定的网络环境

稳定的网络环境是直播必不可少的条件。要确保直播不卡顿，需选择上行速度 4 兆及以上的宽带（可通过 speedtest.net 或 beta.speedtest.net 网站检测上行宽带速度），具体可根据网络供应商情况选择。不管选择哪家供应商，最好采用独享带宽，避免使用共享带宽。

（三）选择适宜的直播设备

设备的性能对于直播效果有直接影响，新手主播采购设备时应本着实用、够用的原则，在力所能及的范围内购买合乎预期直播水准的设备，以达到较好的直播效果。

一般而言，新手主播需采购的必备设备主要包括以下几类。

1. 摄像头

目前，网红主播常用的直播设备是手机，所以在选择高清摄像头时，尽量考虑适配手机的品牌型号，摄像头的主要参数 FPS（Frames Per Second，帧率）不低于 30，就可以保证视频流畅，不出现卡顿；摄像头分辨率应达到 1 920 × 1 080，也就是 1 500 万像素，以保证视频的清晰度；摄像头视角一般在 70° 以上，这样整个镜头呈现感受更好。

在众多摄像头中，罗技 C920 作为一款主流的摄像头，如图 2–27 所示，从清晰度到自动对焦功能都可圈可点，但相对价格较高。作为新手主播，如果资金有限，也可以考虑直接使用手机摄像头，现在的主流手机摄像头清晰度基本上都在 1 200 万像素以上，有的甚至可以达到 1 500 万像素及以上，效果和罗技 C920 不相上下，而且自动对焦、内置麦克风等直播常用功能也一应俱全，能够满足基本的直播需要。

2. 麦克风

摄像头或手机上均内置麦克风，但收音效果一般，容易收入杂音，影响直播效果，因此，建议主播单独购买麦克风。麦克风的类型主要有动圈麦克风和电容麦克风两种。目前常用的是电容麦克风，如图 2–28 所示，这类麦克风有独立电源供给，有独立支架。一般售价在 500 元左右的电容麦克风就可以满足日常直播需要。

3. 独立声卡

为了提升直播的声音效果，建议选用 USB 外置声卡，如图 2–29 所示。如外置声卡与手机不能兼容，还需要加购一个声卡转接器，如图 2–30 所示。

图 2-27 摄像头参考图

图 2-28 电容麦克风参考图

图 2-29 外置声卡

图 2-30 声卡转接器

外置声卡的主流品牌包括 ICON（艾肯）、XOX（客所思）等，这些品牌的外置声卡基本上可以做到即插即用，主播可以根据自己的预算进行选购。挑选外置声卡需要重点关注采样率、采样精度、失真度和信噪比等性能指标。采样率越高，采集到的声音信号就越接近原始信号，一般为 44.1 千赫；采样精度越高，声音就显得越细腻，一般为 16 位；失真度越小，越接近主播原声；信噪比越高，说明噪声越小，收听效果越好。

如主播选择使用台式计算机进行直播，建议购买一款内置声卡，价格更低，性价比更高。

4. 麦克风支架

直播过程中，主播需要灵活地展示产品，为了确保麦克风的收音效果，最好使用支架辅助。悬臂式的麦克风支架使用方便，价格较低，如图 2–31 所示，主播可根据自己的预算选购。

5. 防喷罩

使用麦克风说话时，经常会将气流喷到麦克风上，引起爆音，同时也会有杂音被收录，使用防喷罩（见图 2–32）可以有效避免以上问题。特别是选用了电容麦克风的主播，由于麦克风的灵敏度更高，爆音和杂音的问题更容易出现，使用防喷罩就能够有效解决这些问题。

图 2–31　悬臂式麦克风支架　　　　图 2–32　麦克风防喷罩

6. LED 环形补光灯

直播过程中，除了直播间固定光源，LED 环形补光灯（见图 2–33）可以作为补充光源，改善主播形象，提升直播效果。在选用补光灯时应考虑以下因素。

（1）功率。选用补光灯，首先看 LED 贴片的数量，数量越多，亮度和功率就会越大，光线效果也会越好。

图 2-33　环形补光灯

（2）色温。目前，市面上常用的补光灯以双色温为主，主播可以通过调节按钮进行调光，在不改变视频设置的情况下，不同的色温能给直播过程中的场景变化提供更多选择。

（3）显色指数。显色指数是指光源打在物体上所呈现出的颜色特性，显色指数越高，色彩还原度就会越高，画面的感官清晰度也会越高。一般显色指数达到 92 以上就可真实还原产品色彩。

（4）能否兼容多种配件。补光灯如果可以兼容多种配件，会进一步提升布置过程的便捷度。建议选用可固定化妆镜、手机、单反相机等多种配件的补光灯。

二、直播场景搭建技巧

直播场景包括房间软装、灯光布置、开播背景布置等，都需要符合直播主题，搭建时具体需要掌握以下技巧。

（一）选择直播软装

软装一般需要依据直播间场地大小来决定。需要注意的是，目前较为流行的简欧

风或者白色主色调，由于会引起反光，影响直播效果，故不建议选用。

1. 背景选择

背景可以使用墙纸或者窗帘。在选购的过程中，不要选择白色或者有反光面的墙纸，可选灰色，材质以绒面吸光为宜，如图 2-34 所示。

图 2-34　背景墙效果图

2. 前景陈列

主播在直播时做好前景的产品陈列，可以凸显产品特征，吸引消费者关注。前景陈列要特别注意以下几点。

（1）陈列时不要让直播软件的功能键遮挡住产品或者提示牌，调整好合适的画面位置再开始直播。

（2）讲解产品时，要将产品完全打开，注意展示细节。

（3）前景陈列要从展示产品细节角度出发，特别是针对有不同 SKU（Stock Keeping Unit，最小存货单元）的同一产品，要尽可能向消费者展示全部 SKU，进而吸引消费者停留，如图 2-35 所示。

图 2-35　前景陈列

新手主播预算有限，建议在装修过程中，仅就进入镜头的场景进行装修布置，以节约成本。

（二）场地空间规划

直播场地的空间使用需要提前规划，一般可以设置设备摆放区、货品陈列区和后台人员工作区三个区域。

1. 设备摆放区

设备摆放区需根据设备大小和种类规划，以呈现最佳的直播画面效果为布置标准。确定主要设备的摆放位置后，可做好位置标记，便于下一次直播的开展，图 2-36 为简易直播间设备摆放位置示例。需要注意的是，空间布局和摆放位置确定后，不要轻易变动，以免设备重复调试，影响直播效率。

图 2-36 电商直播设备摆放示例

2. 货品陈列区

整齐的货品陈列可以使直播间显得更有条理。货品陈列区应尽量靠近主播的活动区，便于主播取用、展示货品，但注意不要遮挡直播画面。如在穿搭类直播间，将家具、设备摆放进直播间之前，可提前规划好样品、装饰搭配物的摆放位置，除方便主播取用、展示货品外，也可避免直播场景内摆放杂乱。

3. 后台人员工作区

直播中可能需要其他工作人员的配合，一般的带货直播后台需要安排一名助理和一名运营辅助直播人员，建议留出三分之一的场地作为其他工作人员的活动空间。

（三）环境灯光布置

合理的灯光布置有助于实现更好的视觉效果。即便是同样的直播设备，合理的灯光布置也可以让画面更加清晰。

1. 灯的装修布局技巧

装修直播间时一般需要考虑安装主灯和辅灯，具体数量视直播间大小确定。天花板尽量使用柔光来营造环境光，整个房间的灯光色温需要保持统一。

（1）环境光源

环境光源指的是直播间顶部安装的灯源，一般以每 30 厘米布置一根灯源的密度进行排列，如图 2–37 所示。环境光主要营造直播间的整体亮度，在密度合适的情况下，可以确保视频的清晰度。如果光线偏暗，即便使用高清摄像设备，也会导致画面模糊等情况。

购买灯管时，可以选择常见的长形 LED 灯管，这种灯管易安装，寿命长，成本低，光线比较柔和。

（2）主光源

主光源一般出现在摄像头后方，是直播时重点打亮产品和主播的光源。主光源设备可根据展示产品需要的环境氛围、主播的个人气质等因素进行选择。常用的主光源设备包括环形灯、LED 灯和射灯，建议配备齐全。根据环境光源及产品的不同，可以放置不同数量的主光源设备，建议根据自身需求确定。

①环形灯（见图 2–38）。环形灯一般适配大多数的数码相机和手机，适用于特写人像和产品。将拍摄设备放置在灯圈的正中央，可以让照片曝光均匀，减少阴影。

图 2–37 直播间顶部环境灯

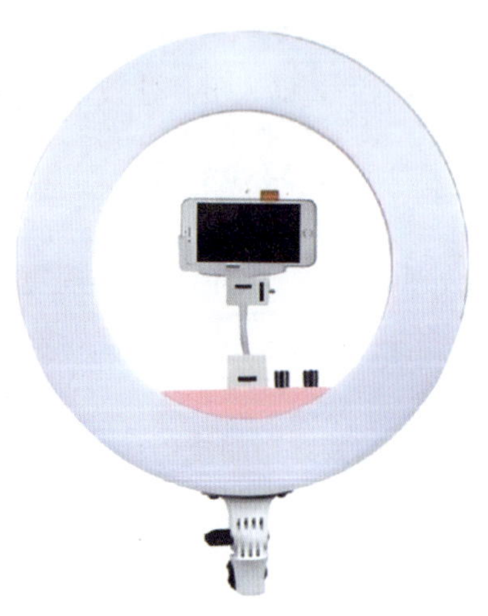

图 2–38 环形灯

② LED 可调节灯。LED 可调节灯（见图 2–39）散射度更高，补光面积更大，光更柔和，而且可以调节亮度和色温。灯的亮度有很多种，直播时多使用 125 瓦的 LED 可调节灯。

③射灯（见图 2–40）。射灯的作用在于为主播补光，一般装修时会将射灯对准主播台、地面和背景布等投射位置。通过不同层次和重点的打光，提升直播空间的立体感和直播中需要重点关注的人脸、产品等要素。

图 2–39　LED 可调节灯

图 2–40　射灯

此外，在选择上述主光源设备时，应重点关注设备的色温标准。一般认为 6 000 开以下的光为暖光，6 000 开以上为冷光，5 700 开为正白光，也就是日光。目前，市场上较常见的灯光色温标准主要有 3 000 开、4 000 开、5 700 开三种。针对不同的产品类目，为了凸显产品的特色，装修时房间整体灯光布局应考虑使用不同色温，具体见表 2–1。

表 2–1　不同类目的色温选择

色温	适用类目	用于营造对应效果
3 000 开暖白光	美食	一般用于营造家庭、酒店、咖啡馆等温馨环境

续表

色温	适用类目	用于营造对应效果
4 000 开冷白光	服饰（民族风，田园风），美妆（生活妆），珠宝（蜜蜡等），家居	一般用于营造温馨气氛
5 700 开日光色	服饰（欧美极简，日系小清新等），美妆（显色），珠宝（翡翠、钻石等）	适用范围较广，基本都可运用

2. 画面构图技巧

受限于直播间本身的格局和大小，直播的整体画面可能不如预期，这时可以运用一些简单的构图技巧来达到较好的直播间场景效果。

（1）景深设计

根据直播间的大小布局，运用合适的空间距离感营造舒适的画面感。

- 小空间的景深。针对空间较小的直播间，可以运用墙角拉长景深，对角线可以让画面距离显得比实际长一些，如图 2-41 所示。

图 2-41 运用墙角拉长景深

- 背景陈列的景深。运用层次，如前景有地毯，中景有沙发，后景有货架，层层叠加，让人有更强的空间感，如图 2-42 所示。

图 2-42　运用层次增加空间感

● 空间较大的直播间景深设计。在设置拍摄位置时可以在墙角放置一些海报、展架等背景物，引导观众视线更近一点，使得视频画面可以更好地聚焦在主播身上，让消费者获得更舒适的视觉感受，如图 2-43 所示。

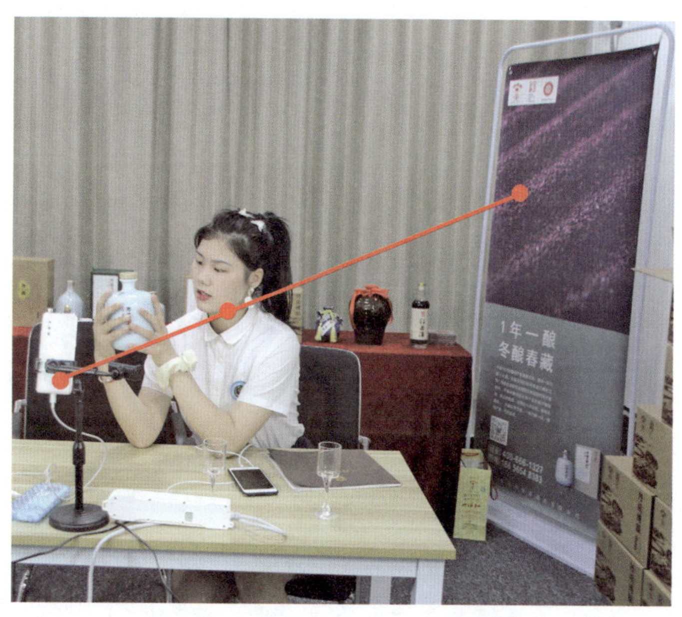

图 2-43　空间较大的直播间景深设计

（2）构图比例设计

构图比例设计有助于在直播时把人、景、物合理地安排在画面中，可以更好地展示产品和主播，使屏幕前的消费者获得最佳的视觉效果。在搭建直播场景时，主播需要根据不同产品的特点来安排构图比例，并调整拍摄位置。

①常规构图法。一般美食、美妆类目直播画面的构图比例较为固定。美食类直播为了凸显食物本身，调动消费者食欲，通常采用居中构图、对角线构图等常见的摄影构图法。美妆类直播为了更好地展示主播的面部特点，通常采用汇聚点构图法（见图 2–44）和三分构图法（见图 2–45）等摄影构图法。

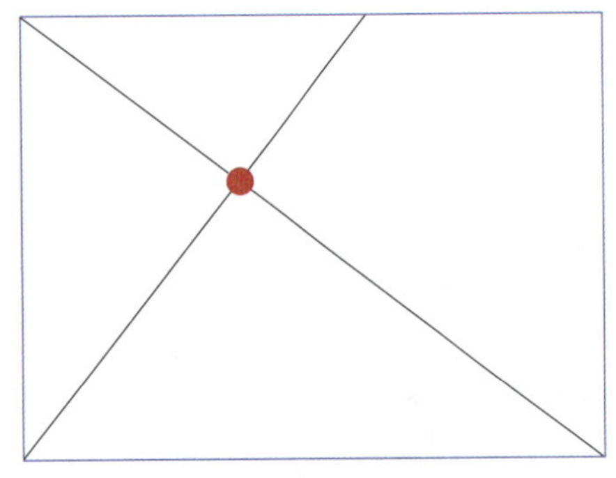

图 2–44　汇聚点构图法

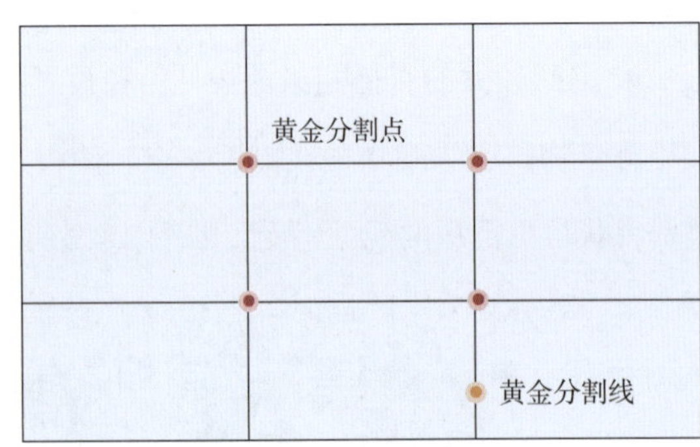

图 2–45　三分构图法

②主体移动的构图方法。服装类直播需要主播在走动过程中展示产品。为了保证画面效果，建议主播尽量在一个相对固定的范围内走动。这个范围不宜离镜头太远，也不宜离镜头太近，既要确保消费者能看清产品细节，有亲切感，也要避免给屏幕前的消费者以压迫感。最佳的画面效果是主播头顶上方留有一定空间，画面中可完整展现主播身上的服装产品。

小提示

为了适应不同类目产品的直播，主播们特别是直播机构需要区隔出多个直播间，并装修为不同风格。多个直播间相连的情况下，需要做好隔音，避免直播过程中相互干扰。

案例

搭建直播间示例

图 2-46 所示的直播间可用于化妆品、日用品等品类的产品直播，由于该直播间推送的产品类型较丰富，直播间的空间较大，所以对光源的要求相对较高，整体布置比较齐全。

图 2-46　直播间整体环境

由于直播间空间较大，除了装有长型 LED 灯作为环境灯外，如图 2-47 所示，还使用环形补光灯和射灯作为主光源。

图 2-47　顶部环境灯

直播间配置有一台台式计算机，主要用于直播过程中的后台运营操作，如产品上架、互动评论等；一个小型三脚架，用于放置手机；一个外置声卡，用于调节收音及辅助音效；一个电容麦克风。主播桌面设备配备如图 2-48 所示。

图 2-48 主播桌面设备配备

学习单元 4

拍摄直播短视频

一、短视频在直播中的应用

短视频即短片视频，是一种新兴的互联网内容传播方式，一般是在互联网新媒体上传播的时长在 5 分钟以内的视频。随着移动终端的普及和网络提速，短视频以短、平、快的大流量传播方式快速获得了各大主流直播平台的青睐，各类直播软件纷纷接入短视频功能。

短视频内容题材更加丰富，用户的留存性更强，直播和短视频相辅相成，能够为用户提供更多更直观的内容，带来更好的使用体验，“短视频 + 直播”模式由此迅速兴起。数据显示，直播前的引流短视频能够为自媒体吸引更多的流量与人气，有一定福利介绍的短视频引流效果更好。

二、短视频内容拍摄与剪辑

就营销定位而言，目前直播平台的短视频内容主要分为营销品牌、营销产品、推广销售渠道和网红达人四类。直播平台的短视频拍摄需要严格把握吸引力、表现力和结合度三个核心要素，即短视频要有一定的亮点和吸引力，要么有趣要么别致，能够吸引观众的眼球，达到营销和推广目的。短视频在展现具体内容的过程中要强化形式上的表现力，通过多维度的展示来体现产品、渠道或人物的魅力。短视频内容还应与产品、渠道或人物的独特属性充分结合，不单纯依靠华而不实的画面来吸引客户。

（一）营销品牌短视频

营销品牌短视频就是通过展现包括企业产品、文化、形象等在内的综合性信息，提升品牌本身在客户心中的价值认可的视频作品。在此以抖音直播平台中某科技公司营销品牌短视频为例。

1. 内容策划

某科技公司以创新、未来为公司理念拍摄了有关公司企业文化的品牌短视频，视频氛围体现出企业对未来与新科技的远大抱负，展示了独特的企业文化。需要注意的是，在拍摄品牌短视频的过程中应明确品牌核心价值与倡导文化的核心要素，选取相关关键词进行可视化内容设计，如万众一心的企业文化，可以选取企业员工的集会画面。

2. 视频拍摄

拍摄开场画面时，可先用移动镜头进行俯拍，以此来展示企业整体面貌与组织规模，这里应拍摄具有代表性的企业建筑物。而后具体展示其特定生产场景，采用低视角，在斜 45° 方向拍摄，画面的延伸焦点会使其更具立体感，画面上方要留出些许空间以产生天空与主体的透视效果。

经过两到三组的成角仰拍后，下一步应拍摄企业地标、文化墙等近景素材。在完成外景拍摄之后，就要展示企业内部精神力量的相关内容，如员工团队、办公室文化等，拍摄要遵循循序渐进、由远及近的顺序进行画面调度，例如，拍摄员工团队时应先展示团队整体精神面貌，而后展现优秀员工的具体表现或业绩等。最后回归到企业文化与精神，进一步点题，拍摄主体既可以是企业代表人物，也可以是企业的知名产品。

3. 视频剪辑

营销品牌短视频建议遵循由大到小、由慢到快、由远及近、由概念到实景的剪辑逻辑，同时注重旁白的使用，将一些不可见的数据内容通过听觉呈现。

开篇俯拍镜头应注意放缓剪辑节奏，为后面精彩内容留有节奏上的上升空间。而后具体建筑剪辑要提升节奏，同时融入人声介绍，提升权威感与期待感。随后人与具体物体拍摄是整段视频的高潮，这时画面之间拼接的节奏要加快，若有音乐搭配，此时应达到激昂高潮部分，画面拼接要遵循动静结合的剪辑处理方式，即静止画面与运动画面交叉剪辑，以保证视频内容丰富多样。收尾部分应回归企业文化主体，通过展示企业核心文化的具体物象进行缓慢收尾，抵消高潮部分产生的影响，让观众以平和的心态回味之前的视频内容。

（二）营销产品短视频

营销产品短视频就是通过有针对性地展现产品的特点、优点，提升产品吸引力，进而促进客户购买欲望的视频作品。在此以淘宝直播平台中某补水化妆品营销短视频为例。

1. 内容策划

为了更好地凸显自身产品的特点和优点，可通过化妆品使用前后的比较来展现产品吸引力。在内容策划阶段需要首先对产品的竞争优势进行分析提炼，如某补水化妆品提取了仙人掌精华作为锁水核心技术，相对于其他补水化妆品具有技术上的优势，然后围绕这一优势设计剧情，如对比两位女性在使用了该产品与其他产品后锁水效果的不同（随着时间的推移，一位面部越来越干燥，而另一位面部依然水润），辅以具体的视觉画面呈现。

2. 视频拍摄

视频开篇可以采用某个话题引入。如两位女性在讨论皮肤补水问题，其中一位说自己用了某补水化妆品，效果很好，而另一位表示自己不知道这款产品。拍摄场景可以选择女生房间、化妆间等场所。

然后，对两位女性分别进行面部特写拍摄。此时，应注意灯光和景别的运用。对使用了某补水化妆品的女性，应采用暖色调与柔光拍摄，这样可以更好地展现其面部红润，有血色。而对另一位女性，则运用冷光与直射光照的拍摄手法，凸显效果普通。

接着，通过使用了某补水化妆品的女性旁白，引出产品拍摄。产品拍摄以特写描绘为佳，特写的距离为 15～30 厘米，可以拍一些产品的棱角细节，也可以拍产品的全貌。为方便观众对于产品的外部轮廓有大致了解，可以拍摄两个静止画面，然后再加上一个运动画面。将产品放置在固定位置，用摄像设备拍摄其整体轮廓，这时注意保持前景与背景的干净、整洁，例如桌子场景中，桌子后方要保持干净、整洁，不要放置过多杂物。拍摄了两个静止画面之后，即可拍摄物体移动的镜头，比如从左到右、从上到下的运动镜头，使内容更加丰富。

3. 视频剪辑

剪辑的思路遵循前期策划的剧情逻辑。在手机剪映软件 APP 或者电脑剪辑软件里对画面进行逻辑排序，剪辑时要注重节奏点的把控，在对比两款产品的时间点运用快节奏的视音频剪辑，使得这一段内容在整体上被推到最高潮，产品宣传效果最大化。这类视频对话和旁白较多，剪辑时要特别注意声画同步，还可以加入适当的音乐进行辅助，烘托整体气氛。

（三）推广销售渠道短视频

推广销售渠道短视频是指通过展现商家独有或具有某方面优势的供货和销售渠道，来提升客户信任感和购买意愿的视频作品。在此以抖音直播平台的 2～9 元小商品进货渠道短视频为例。

1. 内容策划

2～9 元小商品的营销短视频目的在于宣传本产品价格低廉的进货渠道，不针对某款或某类产品，而是以价格优势作为营销的卖点。针对这类视频建议将稳定的供货渠道和低价高质的产品作为主要拍摄内容，并设计对应的拍摄画面。

2. 视频拍摄

拍摄时要注意整体逻辑统一，推广销售渠道不是针对某款产品，因此产品拍摄应点到为止，有一两个画面闪过即可。

视频开篇时，可对供货仓库进行整体环绕式拍摄，不管是全景、大全景还是中景，都要尽可能多拍。以不同角度拍摄产品仓库，使视频信息内容更丰富，可以让人直观地感受到该销售渠道的体量规模和供货渠道的稳定。

而后对仓库的产品品类进行展示拍摄，距离产品 3 ~ 5 米为宜，在拍玩具或文具类产品时，可以适当拉近镜头，让观众清楚地看到品类细节，这里拍摄两到三组镜头即可，可采用运动和静止画面，多用摇镜头。最后应着重点明该渠道的特点，回归产品渠道营销的主题，可再次反拍之前的仓库全景内容。注意拍摄时避免环境灯光昏暗或声音嘈杂，不管用手机还是相机等设备，都要保持稳定的视角和相对明亮的拍摄环境，让观众看到和听到清晰明了的内容。

3. 视频剪辑

后期剪辑时要配上符合该销售渠道的音乐，尽量选择能与观众产生共鸣或者是营造产品价格低廉、品质优质、进货渠道稳定等特点的音乐。因为需要凸显的不是产品，而是整个供货渠道，所以建议采用一些有节奏感的、明快的流行音乐。

具体剪辑的逻辑是，要保证按照从远到近、从大到小的剪辑思路进行剪辑，从仓库整体外貌起始剪辑，中期的具体品类，拉近镜头进行中景内容的拼接，后期仍然回归到整体仓库的画面。剪辑时注意不要过度采用某些软件特效，这样会让人觉得不够真实，缺乏可信度。需要注意的是，这类视频后期成片时应尽可能展示视频内容的连续性，而不是用单纯的炫技打破内容的连贯性。

（四）推广网红达人短视频

推广网红达人的短视频是指通过展示网红个人魅力或者独门绝技，来提升大众好感度的视频作品。在此以淘宝直播平台的某网红达人短视频为例。

1. 内容策划

某网红将个人在生活中经历的尴尬小事通过幽默的方式表现出来，整个视频以女性感受作为切入点，描绘女性在办公场合的真实心理活动与表面状态不相符的有趣画面，进一步塑造该网红亲民的形象。

2. 视频拍摄

网红达人短视频主要以近景进行拍摄，镜头一般与被拍摄主体保持 2 米左右的距离，且主要拍摄人物腰部以上部分。根据剧情需要，在两位角色对话或进行角色互动时，镜头应偏向发言的一方。在切换到描绘人物心理的镜头时，要用人物特写的拍摄手法，即将人物肩部以上部分保持于画面内，这样有助于观众留意人物面部特征。此外，网红达人短视频拍摄场景需要经过前期策划，根据网红形象塑造要求来进行场景的布置，包括灯光与道具的布置，让人一眼就能看出是某网红的场景。如某网红的短视频场景是具有标志性的白领办公室，与女性各种尴尬处境的剧情相结合，让人印象深刻。

3. 视频剪辑

剪辑的思路应遵循具体的剧情逻辑，根据剧情发展的走向，依据故事内部逻辑将前期拍摄的素材进行拼接整理，删除对故事推进无用的镜头，保证故事顺利发展。同时，剪辑时可利用蒙太奇手法等常用的剪辑手法进行创作，提升可观赏性。例如，上一镜头的动作延续至下一镜头中，能充分体现时空交错的场景切换，剪辑时可将主角白天所经历的一些事情通过回想画面闪回至晚上的现实场景中，主角便会有一系列的情感纠葛。再如，画外音的制作可反映出主角的心理活动，这里可以通过特写的拍摄方式跟踪主角面部，同时制作后期配音音频，在画面停留在主角面部的同时播放画外音，描绘其心理活动。

三、短视频拍摄设备与剪辑软件

（一）拍摄设备

对于没有视频拍摄经验的主播团队，建议选用智能手机进行拍摄，在条件允许的情况下也可选购专业的单反相机（见图 2–49）和摄影机（见图 2–50）。

为进一步保证视频拍摄稳定性，可选用手机支架、八爪鱼支架等辅助设备；为进一步提升拍摄效果，可选用反光板、补光灯、补妆灯等辅助设备。主播团队可根据自身拍摄需求进行选择。建议新手主播在熟练掌握基础的短视频拍摄技巧后，再选购专业设备。

图 2–49　单反相机

图 2–50　摄像机

（二）剪辑软件

剪辑软件种类众多，功能复杂，以下主要介绍“剪映”和“Pr”两款入门级短视频剪辑软件。

1. 剪映

剪映的操作界面如图 2–51 所示，上方是视频监视器预览画面，中间为视频轨道操作区域，下方为工具备选区域。

使用该款剪辑软件的剪辑方法为：利用下方工具备选区域提供的工具，在中间视频轨道操作区域进行操作，在上方视频监视器区域进行预览。例如，要对视频进行剪辑处理，可点击下方【剪辑】选项，在中间视频轨道进行剪辑操作，便可在上方监视器区域进行预览。再如，想对视频画面添加某种特效，点击下方【特效】选项，在其中选择合适的视频特效加入中间视频轨道操作区域中，方可在上方视频监视器区域进行视频预览，同时可对特效进行叠加或删减处理。

图 2-51　剪映软件操作界面

2. Pr

Pr 是 Premiere 的简称，是 Adobe（奥多比）公司开发的一款常用的视频编辑软件。使用该款软件的剪辑方法为：将左下方【效果】区域选项中的各类特效拖动至右下方的【视频轨道】中，在右上方的视频【监视器】区域进行预览，若想对特效的参数做微调，如透明度、画面位置等，点击左上方【效果控件】选项进行修改即可，如图 2-52 所示。

例如，要对视频添加【垂直翻转】特效，可点击左下方的【垂直翻转】特效，将其拖入右下方【视频轨道】中，即可看到图中视频画面被垂直翻转，如图 2-53 所示。

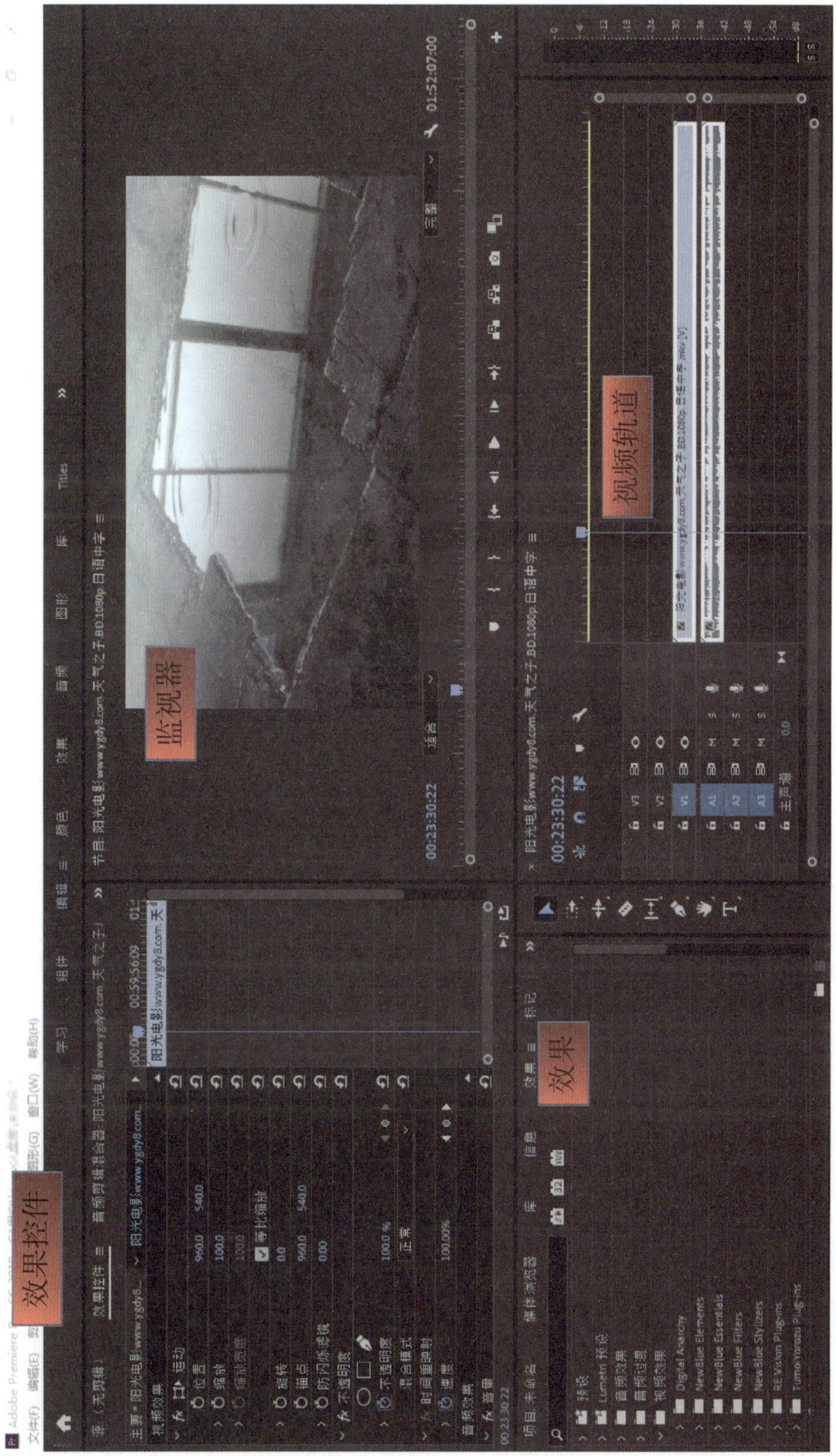

图 2–52 效果控件

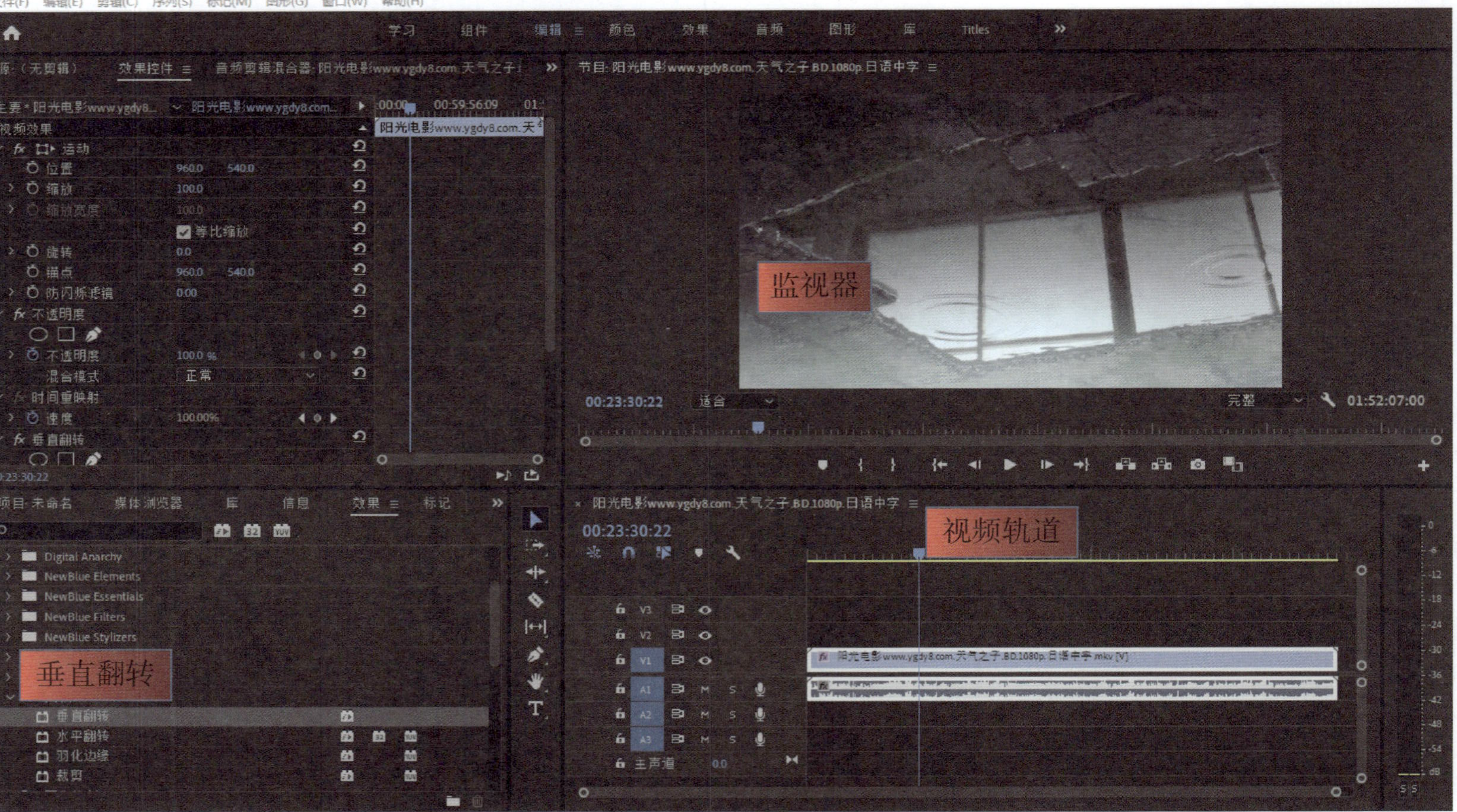

图 2-53　垂直翻转

培训任务三

开展电商直播

学习单元 1

账号引流

一、认识引流工具

对于互联网企业而言，流量等于现金，因此，如何抓住稍纵即逝的流量风口，如何实现高效、快捷的引流，如何创造商业价值，就成为电商平台入驻商户和企业最关心的事。

以下主要介绍抖音直播和淘宝直播平台的常用引流工具。

（一）个人 IP

IP 原本是 Intellectual Property 的英文缩写，原义为知识产权，在互联网界已经有所引申。IP 可以指一个符号、一种价值观、一个共同特征的群体、一些自带流量的内容。近几年，有些人通过在平台上进行直播吸引了大量的粉丝关注，形成了个人 IP，他们能够凭自身的吸引力，挣脱单一平台的束缚，在多个平台上获得流量。直播账号要打造个人 IP 必须建立清晰的粉丝用户画像，然后根据画像进行内容定位。例如，美妆类主播，可以通过发布美妆技巧、美妆产品使用方法等短视频，分享对于美妆的个人心得和独到见解，逐步获得有相关需求的消费者的认可，进而形成良好的个人口碑，通过一个较长周期的优质内容输出，最终成功打造具有公信力的美妆个人 IP。

以“衣哥”账号为例，如图 3-1 所示，它已经推出了 100 多个以服装时尚搭配类内容为主的短视频，在抖音直播平台上吸引了近 800 万粉丝用户，由此可以形成该账号粉丝用户的基本画像，即热衷时尚潮流装扮的年轻人。针对粉丝用户特点，该账号推出了时装走秀、美丽揭秘以及视觉化展现和沟通类的短视频作品，有效增强了对时装穿搭有刚性需求的粉丝黏性，形成了“懂美、爱美、会美”的个人 IP 形象。

这类账号通过推出垂直领域的原创视频，依靠优质内容获取高曝光度，形成具有知名度和号召力的个人 IP，进而引入庞大流量，并最终实现变现。

图 3-1　服装类目“衣哥”的个人 IP

（二）评论

评论是指针对事物进行主观或客观的自我印象阐述。这里的评论主要是指直播过程中粉丝或消费者对主播直播效果或者产品本身的评价。

评论引流属于免费流量，想要利用评论引流，首先需要保持与粉丝用户的高互动性，引起粉丝的关注；其次，评论内容要能够引发粉丝共鸣，阅读以后能让粉丝产生开心、愉悦、认同、归属的情绪，有进一步与主播交流互动的欲望，进而为其点赞、转发。

以抖音直播平台为例，开展评论引流首先需要了解抖音短视频的推荐机制。抖音直播平台的短视频推荐机制和“今日头条”类似，即一条视频上传审核通过后，通过智能系统对视频进行兴趣化标签分类，并推送给有观看这类视频习惯的用户。随后，

对这些用户观看视频的完播率、点赞量、评论量、转发量进行数据汇总和分析，根据分析结果决定是否持续向更多的人群推荐。例如，在抖音直播平台发布视频成功以后，系统会首先推送给500位用户，那么这500人当中可能有400人会点击观看；其中有300人看完全片，50人点赞，30人评论，20人转发，一旦达到这一标准，系统就会判定该视频为高质量视频，并将它继续推荐给下一批用户，此时的推荐量可能会增加到1 000人，甚至万人、十万人级别，继而再推荐给第三批用户、第四批用户，以此类推下去。当该视频满足抖音的推荐规则要求之后，就会获得更多的免费上热门的机会，从而扩大粉丝用户数量，实现引流。

淘宝直播平台的评论引流方式与抖音直播平台的评论引流方式基本类似。

（三）企业认证

企业蓝V是抖音直播平台的企业号，能够帮助企业传递业务信息，与用户建立互动。认证通过的企业号，将获得蓝色的“V”字形认证标识，较为成功的企业号包括“海底捞”“答案茶”“Coco奶茶”和“土耳其冰激凌”等，特别是“答案茶”，通过短短几个月的时间，依靠抖音短视频带起了线下购买热度。

抖音的线下引领目前主要依靠垂直行业的POI（Point of Information，定位信息）认领。只要企业号拥有了企业蓝V认证，就可以进行POI地址认定，即有固定办公地址和实体店面的商户可以在抖音直播平台申请认领一个POI地址，在地址栏里展示企业的蓝V号以及店铺的一些基本情况，并支持电话预约，进而为企业提供更多的曝光和变现的可能。

与抖音直播平台不同，淘宝直播平台的企业认证采用实人认证，已经入驻淘宝直播平台的一些达人账号、商家主账号和子账号都可以在开播之前进行实人认证。实人认证将卖家身份信息与经营者本人进行绑定，一方面杜绝欺诈，提高账号公信力；另一方面便于消费者通过平台准确检索到主播本人。淘宝实人认证面向所有卖家分批进行，新开店卖家先通过实名认证，之后需要接受定期和不定期实人认证身份复核。

（四）付费推广

以抖音直播账号为例，抖音的“Dou+”是抖音直播平台为用户提供的一种视频付费推广工具，能够高效提升视频播放量与互动量，提升内容的曝光效果，满足抖音用户的多样化需求，如图 3–2 所示。

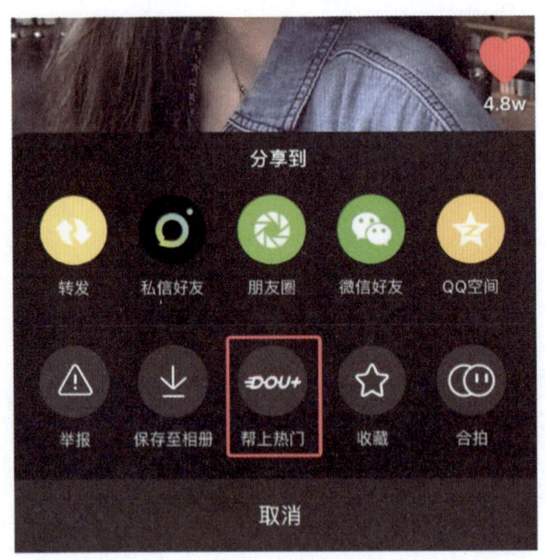

图 3–2 “Dou+”功能按钮位置

“Dou+”适合不想花太多时间在视频制作上的用户，也适用于希望登上视频推荐榜单、快速增加曝光机会的商户。目前 100 元的“Dou+ 的助力”可以换取 5 000 人次的播放量，同时可以设置兴趣标签，推荐给目标人群观看。

淘宝直通车则是淘宝平台为用户提供的一种付费推广工具，针对淘宝直播现已开通直播推广功能，在直播推广时间上包含“始终推广”和“直播结束则推广结束”两种选择，如图 3–3 所示。

始终推广即在主播直播阶段，以及在直播结束后进行持续引流。主播在一场直播结束后，还能继续利用直播间视频讲解回放片段作为视频落地页进行投放。消费者搜索后，点击广告就能看到商品的回放视频，促使有高购买意向的消费者进行购买。

直播结束则推广结束即在主播直播阶段进行引流，适合需要大量拉取新客的店铺，可以直接增加直播间的观看人数。

图 3-3 淘宝直通车“推广设置”页面

淘宝直通车的收费方式是按关键词点击量计算费用，每一个关键词由于热度不同出价也不同，具体标准可登录淘宝直通车官网查看。

（五）信息流广告

信息流广告是指位于社交媒体用户的好友动态或者资讯媒体和视听媒体内容流中的广告，有图片、图文、视频等，特点是算法推荐、原生体验，可以通过标签进行定向投放，根据自己的需求选择曝光、落地页或者应用下载等，最后的效果取决于创意、定向、竞价三个关键因素。

图 3-4 小米有品的信息流广告

投放信息流广告，同样属于付费流量的一种，即在视频流当中以原生态的方式植入自家的广告。这类非强制性的广告方式，不打扰用户，较容易被接受。信息流广告可以针对人群、兴趣、地域等多个维度进行标签设置，从而把品牌产品呈现给特定的人群，是一种相对简单的引流方式，如图 3-4 所示。

抖音直播平台的信息流广告支持 CPC 和 CPM 两种计费方式，用户可以根据自身需求进行选择。CPC 即 Cost Per Click，按点击付费，每次点击约 0.2 元。CPM 即 Cost Per Mille，按展现计费，每个 CPM 的价格为 4 元，即一个广告被展现 1 000 次，扣费 4 元（按展现计费，用户只要看到广告，就算作一次展现，广告在 24 小时内被同一用户观看多次，也只算一次展现）。

淘宝直播平台目前正在内测信息流广告“超级推荐”。根据阿里巴巴旗下数字营销平台阿里妈妈提供的信息，“超级推荐”的广告位覆盖“猜你喜欢”“微淘”“直播广场”“有好货”等推荐类位置，广告呈现的形式包含商品、图文、短视频、直播、跳转页面等。

二、设计吸粉账号

为了提升粉丝用户的黏度，避免一划而过的窘境，主播需要有针对性地设计个人主页。一个定位清晰、信息翔实、设计精美的个人主页，无疑可以吸引更多的粉丝停留、驻足。以下将介绍如何设计一个能够吸引粉丝的个人主页。

以抖音直播平台为例，如图 3–5 所示，个人主页包括账号头像、昵称、个人简介和背景图四部分。个人认证或蓝 V 认证用户会显示优质创作者标签，开通商品橱窗的账号会显示一个商品橱窗的入口。

（一）账号头像设计

对粉丝而言，对账号的第一印象来源于头像，其次就是置顶的视频，以及近期热门视频形成的封面，这些内容构成了主页的整体形象，它直接决定了粉丝用户是否会进一步关注账号。需要注意的是，新开账号不宜在个人主页显示过多的营销性信息。

一个能够即刻引起粉丝好感并转化为关注动力的账号，首先需要对头像进行设计。头像设计可以采取两种方式。一种是根据用户从事的行业选择头像，即头像跟视频内容领域相互垂直。比如用户想打造的是一个宠物领域的账号，那么头像就可以选择一

图 3-5 抖音平台个人主页

些比较可爱的萌宠照片；如果用户想做美食领域相关的视频，那么头像就可以选择一些比较诱人的美食实拍图片。另一种是选择个人形象照片作为头像。这类做法适用于个人 IP 的打造，网红账号多采用此种方式。

（二）昵称设计

昵称就是主播的第二个名字，是树立主播形象的重要手段。选取的昵称要能够反映个人特征，避免泛泛的概念，如情感语录、护肤讲堂等，可以加上个人名字作为前缀进行区分。昵称要好记、好找，避免不易辨识的文字。此外，昵称还要体现账号服务领域，可以插入垂直领域的相关标签，以易于平台系统辨识和抓取。

（三）个人简介设计

一则生动有趣的个人简介，能够最大限度地提升粉丝的好感度。个人简介需要体现主播所从事的工作领域，应包含领域标签，便于平台系统辨识。个人简介需要体现出主播能给用户带来的最大价值点或关注点，即让用户觉得有用或者特别有趣，进而

选择关注。个人简介需要体现出个人或者品牌的特点，文字不宜过多，能够明确表达即可。个人简介需要体现账号视频时间与频率，从而增加用户的黏性。

需要注意的是，个人简介中不能出现任何的联系方式以及引导方式，避免造成销售广告的违规风险。简介中不能出现行业敏感词，避免因为敏感词导致简介审核不通过，影响账号权重。

（四）背景图设计

当用户进入个人主页，背景图就成为最重要的一项视觉元素。因此，合理的背景图设置将有效提升页面的质感。背景图要与账号定位相关，起到宣传品牌 IP 或产品的作用。背景图还可以进行适当的关注引导，如在图中显示微博、微信账号等。背景图示例如图 3–6 所示。

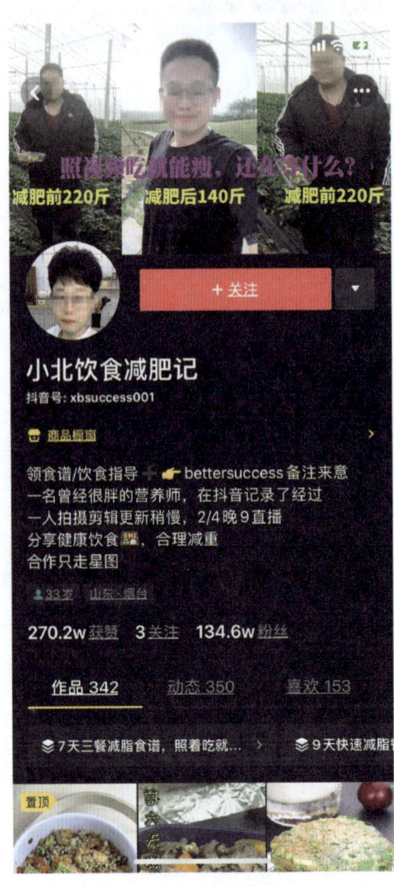

图 3–6　背景图示例

淘宝直播平台账号的个人主页也基本包含了上述内容，可参照相关技巧，设计吸粉账号。

三、带货直播黏粉与涨粉话术

主播在带货直播的过程中，需要熟练运用黏粉、涨粉话术，以提升销售力度。

通过大量的案例总结分析，目前主播需要掌握的黏粉、涨粉话术主要包括五部分，即提出问题、放大问题、引入产品、提升高度、降低门槛。

第一步，提出问题，即结合消费场景提出消费痛点以及需求点，从而给用户一个消费理由。以夏季防晒举例，直播前期就可以提出夏季防晒困扰，并让这些困扰成为直播间里活跃的话题，引起粉丝共鸣，进而引入产品。

第二步，放大问题，即将大家忽略的问题、隐患尽可能地进行放大说明。结合上述案例，说明不做有效防晒的危害所在，引起观看用户的充分重视。

第三步，引入产品，即以解决问题为出发点，引入产品，解决之前提出的问题。同样以上述案例为例，提出几种防晒的方法，如可以穿防晒衣、涂防晒霜、喷防晒喷雾等，然后引入需要推介的产品，说明其优势和特色所在。

第四步，提升高度，详细介绍、讲解产品，并通过行业品牌、原料、售后等其他事项来增加产品本身的附加值，让粉丝对这款产品产生更高的认可度。

第五步，降低门槛，即分享主播独有的优惠和渠道优势，强调产品的独家性、稀缺性等，最终促成用户下单购买。

四、应规避的账号限流敏感操作

所谓限流就是账户流量受到系统限制，具体表现为直播流量下降和推荐度降低，严重的甚至在平台上无法搜索到账户及相关视频内容，同时上传的视频审核周期进一步延长。

对于商户和主播而言，限流和封号会给自身的营销和发展带来严重打击，因此需要重点规避敏感操作，合理合规地提升账号流量。以下将介绍抖音直播平台和淘宝直播平台的主要限流操作。

（一）抖音直播平台易被限流的九大敏感操作

1. 刷取播放量

在经营账号过程中，一旦出现过多的未完整观看视频，就可能被平台认定为人为刷取播放量，进而对账号限流。

2. 大量点赞、评论和转发

在经营账号过程中，一旦出现大规模的逐条视频点赞、评论和转发的情况，就会被认定为异常操作，进而被平台限流。

3. 大量无意义评论

过于空泛、简单的好评大量出现，会被平台认定为异常操作。

4. 大量关注或取关

不少商户、主播会在前期大量关注同类账户，而后随着知名度的提升大量取关，这一行为同样会被平台认定为异常操作。

5. 大量互粉互赞

随意与大量不同类型用户互粉互赞，同样会被平台认定为不规范操作。

6. 登录地址持续切换

账号持续切换登录地址会被平台认定为采用模拟地址变化的软件去获取同城流量。因此，建议位置经常变动的商户和主播在登录时关闭同城定位功能，而针对一机多号的情况，建议同一部手机不要登录两个以上的抖音账号。

7. 发布营销性内容

抖音视频中不能出现任何商品价格及明显的地址。

8. 频繁修改账号信息

修改账号信息需要经过审核，一旦出现违规情况，就要及时停止修改，避免封号风险，同时建议不要频繁修改账号信息。

9. 删除重发

随意删除重发视频存在被平台认定为内容重复的风险，导致限流，建议谨慎重发视频。

（二）淘宝直播平台易被限流的五大敏感操作

1. 标签混乱

在经营淘宝直播账号的过程中，需要对售卖商品的类目、属性、价格等进行规范标签，如果操作不规范，就会导致客户人群标签混乱，造成平台无法对账号进行流量分配，从而被平台限流。

2. 刷假数据

大规模人为刷取观看量、点赞量，一旦被平台认定，账号就会被限流甚至关闭。

3. 停播时间长

淘宝直播账号停播两周以上，就会被系统认定为不活跃账号，进而被减少流量分配。

4. 发布违规内容

账号发布违反平台规定的相关内容，或在直播中出现敏感词、明显违规行为，也会被平台限流甚至封号。

5. 转化率或转粉率低

账号的流量转化率或转粉率过低，直播商品购买率和固定粉丝人数长时间增长缓慢，也会被平台认定为缺乏潜力，进而减少分配给账号的流量。

需要注意的是，无论是在抖音直播平台还是淘宝直播平台，一旦发现账号被限流，建议减少账号的作品发布频率和直播频率，同时进行严格的自查自纠，根据平台规则，通过一个长周期的规范操作，最终账号会被取消限流。

直播展示

一、直播脚本设计

一场好的直播离不开一个设计严谨的脚本。直播脚本可以最大限度地帮助主播把控直播节奏，规范直播流程，达到预期的目标，实现直播效益最大化。

（一）直播脚本的定义

直播脚本是指使用特定的描述性语言，针对特定的某一场直播编写的规划方案，以保证直播有序且高效进行，并能达到预期的目标。遵循直播脚本进行直播能有效避免不必要的意外发生，例如场控意外、长时间尬场等。一份详细的直播脚本甚至在主播话术上都有技术性的提示，能够保证主播语言上的吸引力以及对直播间与粉丝互动的把控能力。

（二）直播脚本的作用

1. 把控直播节奏

节奏是调动群体情绪及建立情感联系的一条策划主线，主播要根据直播时长完成预热、爆发、收尾三个阶段节奏点的衔接。即时性互动是直播受欢迎的根本，直播互动节奏的紧凑性会直接影响单场直播所产生的营业额，节奏可以直接在单场直播中呈现。

2. 管理主播行为和话术

有了直播脚本就可以为主播每一分钟的行为和话术提供指导，让主播清楚地知道在某个时间该做什么、说什么，还有什么没做。直播脚本对主播的直播表现发挥着重要作用。

3. 掌握直播主动权

直播脚本通常由主播团队根据品牌方的需求并结合实际情况进行编写。整个直播过程需要按照直播脚本顺利开展，这样才能掌握直播的主动权。

4. 减少直播突发状况

直播脚本实质上是一个已经制订好的工作计划，不同的时间段有不同的任务安排，条理清晰，这样能够有效减少直播过程中出现突发状况。

5. 规范直播流程

做直播最忌讳的就是开播前才考虑直播的内容。主播如果没有事先预习当天的直播内容，那么直播最终呈现出来的就是不停地尬播、尬聊，甚至会出现主播玩手机、自言自语等现象。所以，直播脚本首先能解决的就是直播流程不畅的问题，让直播内容有条不紊地推进。

6. 实现直播效益最大化

无论是淘宝直播带货还是抖音直播带货，抑或是其他平台的直播带货，品牌方和主播运营团队一般都以获得最大效益为根本诉求。根据直播脚本进行直播，能够计划好本场直播所要达到的分享目标，并按照目标实施，从而实现直播效益最大化。

7. 便于回复总结

直播脚本不是一成不变的，而是需要不断完善和优化的。一场直播在按脚本执行的过程中，可以分时间段记录下各种数据和问题，结束后进行复盘分析，对不同时间

段里的优点和缺点进行总结、优化和改进，不断地调整脚本，摸索出制定直播脚本的策略和方法。

（三）直播脚本的要素

1. 直播目标

直播目标即在直播开始之前所设定的目标，是本场直播希望达到的目标，包括对各项数据的具体要求，如观看量、点赞量、进店率、转粉量，以及转换卖货销售额等。明确的数据要求有助于达成目标。

2. 直播人员

要对直播过程中所涉及的人员进行工作分类和工作安排，其中直播画面显示的人员包括主播、助理或其他人员。要注意各个人员的分工以及职能上的相互配合，如主播负责引导关注、介绍产品、解释活动规则，直播助理、场控和运营要负责回复问题、发放优惠信息等互动工作，后台和客服负责修改产品价格、与粉丝沟通转换订单等。

小提示

场控，即控制场面的人，也可以叫作房管。场控的主要职责就是控制直播间的整体气氛，配合主播顺利进行直播。场控可以在直播间中帮助主播回答观众的问题，屏蔽消息，踢人出直播间或拉人进直播间等。每个直播间都需要一名合格的场控，如果直播中没有场控的管控，整个直播间就会被各种垃圾信息、广告信息、不友好的观众发言等所扰乱。一旦出现这些情况，就需要一名场控及时地参与解决。

3. 直播时间

直播时间应提前预设。直播时建议严格按照预计的直播时间进行，时段也要相对固定。到了下播时间建议不要恋战，及时预告下一次的直播时间，让粉丝持续关注下一场直播。这样一方面可以促进粉丝观看习惯养成，另一方面还能让粉丝对主播保持新鲜感。

4. 直播主题

直播主题即直播活动的中心主旨。虽然直播的主旨一般都是销售，这也是生活消费类直播的主要目的，但主播还是需要对每一场直播进行多样化的主题策划，并以此进行直播内容的拓展，需要明确故事要讲给谁、怎么讲。

例如：

商品—专场售卖：上新，如春季新品；清仓，如尾货甩卖；单品，如连衣裙、风衣专场。

风格—搭配场：抖音爆款搭配、网剧爆款搭配、运动休闲风搭配。

人物身份场：设计师流行趋势讲解、设计理念材料讲解、20 年老师傅讲工艺。

热点营销场：疫情专供，全场下单送口罩；春节特供，过年畅销；情人节爆款，礼品直销。

粉丝回馈场：代理专享，样品免费；老粉福利场，专享优惠。

5. 直播内容

直播内容是整个直播脚本的精华和重点部分，包括直播的产品介绍、产品数量、产品类型、产品价格（日常售价和促销价）、产品成分、产品卖点、产品链接、店铺优惠与折扣或者其他类型的店铺活动等。

6. 目标观众

在直播活动中，目标观众即本场活动或本场带货产品所针对的目标人群。目标观众又称目标顾客、目标群体或目标客群。

（四）单场直播脚本撰写

单场直播脚本流程需要具体到分钟，如 8：00 开播，8：00—8：10 进行直播间预热和向观众打招呼。在直播脚本中要规划好单品的单位介绍时间，根据直播时长合理

安排直播流程。直播时要依据直播脚本有计划、有步骤地推进直播流程。单场直播脚本的主要内容如下。

1. 前期准备

前期准备主要包括直播宣传、明确目标、人员分工、设备检查、产品梳理等环节。

2. 直播开场

直播开场包括主播自我介绍、引导用户关注等内容，在整个直播活动中起到气氛调节升级的作用，奠定直播的基调和氛围。

3. 直播活动介绍

不论是对新观众还是原有观众，在进入一场新的直播时，主播必须对整个直播活动包括直播福利、直播环节做一个总体性的介绍。

4. 产品讲解

产品讲解是直播的核心内容，要遵循从外到内、从宏观到微观的原则，加以生动真实的语言进行描述，全方位、客观分析产品的优缺点，不可夸夸其谈（具体内容详见下文“三、直播产品讲解主要环节”）。

5. 产品测评

产品测评往往是观众较为关注的一个环节，在这个环节中主播需要站在顾客的角度，360° 全方位体验产品。

6. 观众活动

在直播进行到中间进程时，主播需要安排适当的观众参与活动，例如进行观众个案讲解、故事分享和疑问解答等。

7. 抽取奖品

直播过程中通常会安排抽奖环节，为观众送福利，这既是维持现有粉丝的有效方法，又是吸引新粉的有效手段。此举还能够更好地调动直播间的气氛以及引导粉丝消费。

8. 总结活动

总结活动时，直播已近尾声，主播需要再次强调品牌以及总结本次直播活动。

9. 预告活动

在直播结束时，引导粉丝关注主播账号并且预告下次直播活动的内容。

直播结束后，主播需进行复盘分析，总结直播活动中发生的问题，不断调整脚本，优化直播过程。

图 3–7 所示为某场直播脚本示例。

天猫直播脚本

直播主题	2019秋冬新款、爆款推荐，新品介绍，清仓秒杀		
主播	XXX		
主播介绍	阿里巴巴、天猫、淘宝直播兼客服主管		
内容提纲			
1	公司发展历程，目前主营业务		
2	面料讲解		
3	产品介绍		
4	提供采购方式		
5	直播总结		
现场互动			
1	新款特价秒杀		
2	观众字幕发“666”，抽免单，送童装		
直播流程			
序号	时长（min）	主要内容	画面
1	3	公司的发展历程和产品“双十一”优惠业务	
2	2	公司团队介绍，包括设计团队，生产加工团队、销售团队及售后服务团队	
3	10	2019秋装新品—儿童家居服内衣套装介绍【款式、印花、面料、厚度、细节亮点】	
4	10	冬季加厚卫衣详解【款式、面料、厚度、细节解析】	
5	10	冬款加厚加绒裤子介绍【对比面料、厚度、细节解析】	
6	10	促销款和新品展示，特价限时秒杀	
7	10	法兰绒睡袍介绍【款式、印花、面料、厚度、细节亮点】	
8	10	加厚马甲和外套介绍【款式、印花、面料、厚度、细节亮点】	
9	2	截图观众字幕“666”，抽免单，送童装	
10	5	新款预告	
11	3	直播总结	

图 3–7　天猫直播脚本示例

二、直播妆容设计

（一）直播妆容的定义

直播妆容是指通过某种装扮、修饰形成的一种在直播过程中的外在形态表现，通

俗来讲就是将某一个人打造或打扮出良好的气质和面容出现在直播镜头前。在直播过程中，适当的妆容可以增加个人颜值。

（二）直播妆容的分类

直播妆容主要分为淡妆和浓妆。淡妆是指淡雅的妆容，比较自然端庄，如日常生活妆、裸妆等。浓妆是指妆容艳丽，并且对五官中最有特点的部位做重点描绘的面部修饰，整体妆面能显出浓烈的效果，如派对妆、节日主题妆等。

主播可以根据特定的主题，如星座、节日等设计相应的妆容，吸引粉丝或者观众的眼球，增加节日的仪式感，拉近与观众的距离，促进产品销售，如图 3–8 和图 3–9 所示。

图 3–8　圣诞节主题妆容

图 3–9　万圣节主题妆容

（三）男、女主播妆容

男主播妆容主要是在化妆时着重表现皮肤的质感，重点是强调挺立的鼻梁、浓密的眉毛和丰厚的嘴唇，体现本人的特有气质。女主播日常妆容以裸妆和生活妆为主，整体妆面要干净，不宜太浓，如图 3–10 所示。

（四）主播服装选择

图 3-10　女主播日常妆容

主播的服装搭配需要在款式、颜色上相互协调，整体上达到得体、大方的效果。主播直播的时候可能是上半身出镜，也可能是全身出镜，所以主播穿衣服时一定要特别注意服装搭配。

1. 服装选择要素

（1）厚度

主播无论身在何处、天气如何，在直播的过程中必须穿轻薄型的衣服，千万不要穿臃肿的衣服上镜。

（2）颜色

在衣服颜色的选择上最好以同类色搭配，通常是指深浅、明暗不同的两种同一类颜色搭配。同类色搭配的服装会显得人柔和文雅。衣服的颜色尽量不要超过三种。

（3）面料

在面料的选择方面，质感是非常重要的。可以选择物美价廉的服装，但要保证基本的质感。建议选择棉质或雪纺面料。

（4）尺度

在镜头前，穿衣尺度是备受关注的问题。主播要严格按照《网络直播主播管理规范》的要求，选择合适的服装，把握好穿衣尺度。

2. 不同类型服装的搭配技巧

（1）日常服装搭配技巧

主播可以根据主播自身实际情况来选择日常服装搭配。主播在直播过程中一般采

取坐姿，被注意的部分集中在上半身，而领型又是最靠近脸部的，具有很强的装饰性和修饰性，对一个人的形象有很大的影响。所以，主播一定要根据自己的脸型和脖子长短来选择领型，以起到美化和修正脸型的作用。

（2）主题服装搭配技巧

主题服装搭配要根据不同的主题有所区别。若是美妆产品的直播，可以选择红色的服装，给人热情开朗、积极向上的感觉；若是农产品的直播，则可以选择淡绿色的服装，给人清新自然、安全、愉快的感觉。

（3）节日服装搭配技巧

以圣诞节为例，主播可以选择一些比较应景的红色系或者绿色系服装，然后通过搭配简单的小饰物，增加节日氛围，如图 3–11 所示。

图 3–11　圣诞节服装搭配

三、直播产品讲解主要环节

产品讲解是直播的核心内容，直接关系着直播销售的成败，需要依照以下环节进行准备，而后依次展开。

（一）需求引导

制作用户画像，了解本次直播产品所针对的人群，分析用户群体的情感方式。针对理性用户，可自信地展示产品的优势，也可直接点出产品存在的缺点；针对感性用户，可以充分使用感情牌，用感情与观众沟通。抓住用户痛点，锁定摇摆人群，以市场需求和其他用户使用后产生的效果来引导，打消这部分人群心中的疑虑，促进产品成交。

（二）产品简介

产品简介是直播带货整个流程中相当重要的一个环节，可以从产品的规格、成分、材质、色彩、触感等方面对产品进行总体介绍，促进观众对产品的了解，为提升产品成交率打好基础。

（三）产品品牌

主播在直播卖货的同时，也需要对产品的品牌进行一定的介绍，让观众进一步了解产品品牌，了解该品牌的其他产品，建立起对该品牌的认知和信任。这对于提升产品成交率有重要作用。

（四）店铺详情

无论是淘宝平台直播还是抖音平台直播，主播都要在必要的时候介绍店铺，一方面能提升观众对店铺的认知度，另一方面能加强用户与主播之间的信任感，稳固住现在的粉丝。此举并不能在短时间内提升店铺的成交率，但能够为店铺持续发展提供助力。

（五）产品卖点

产品卖点是一个较为专业的环节，需要主播具备一定的专业知识和总结能力，罗列出产品存在的优势，并用生动的语言进行描述，加深观众对产品的印象和认知，提升产品成交率。

（六）深挖优势

针对产品的多个优势特点，主播需要着重选取 1 ~ 2 个优势进行深度挖掘，加深观众对产品的了解，进而促进成交。

（七）用户评价

在直播过程中呈现用户对产品的评价有助于提高用户的忠实度和黏性，打消他们购买的疑虑，提升产品成交率。

直播产品讲解主要环节示例见表 3–1。

表 3–1　　直播产品讲解主要环节示例

产品内容：××× 排毒按摩膏
产品链接：

主要环节	目标要求	基本内容
1. 需求引导	描述画面：联想产品在生活中有哪些适用的场景，生动地描述出来，与粉丝产生共鸣	皮肤暗沉、发黄、爆痘
		经常化妆，就算卸妆毛孔中也会有残留
		不化妆，手机、电脑辐射及空气污染，灰尘会藏在毛孔里
		清洁不到位的人群
2. 产品简介	由表及里、分步骤描述：包装、规格、成分、色彩、触感及使用时的感觉等	外包装介绍：绿色的包装贴近自然，非玻璃瓶不用担心碎掉
		规格 100 毫升，薄荷花、菩提树、松树嫩芽等多种天然植物萃取物
		质感：有点像老酸奶，软软糯糯的
		香气：淡淡的清香
3. 产品品牌	品牌优势：可信度与品牌形象	品牌创始人：×××
		品牌代言人：×××
4. 店铺详情	店铺优势：熟知店铺规则，扬长避短且客观反映店铺优势	动态评分 4.8 分，高于同行业
		本款产品在店铺中好评率百分之百
		四钻美妆店铺，七年老店
5. 产品卖点	卖点罗列：产品优势的逐一罗列，体现主播的专业性	肉眼可见按摩出毛孔中的脏东西，用完后皮肤光滑透亮
		适合所有肌肤，敏感肌肤也适用

续表

主要环节	目标要求	基本内容
6. 深挖优势	重点突出：选择1~2个最突出、最能打动人的产品优势进行深度讲述	肉眼可见的清洁效果，可以按摩出白头和黑头
		一款可以按摩出毛孔中脏东西的产品
		纯天然的排毒成分，使用后皮肤嫩滑
7. 用户评价	别人怎么说：复述其他用户对本产品的好评	上新一周累计评价近400条，无任何中差评

四、直播中的主要禁忌

直播的实时性决定了直播效果的不可逆，因此主播对直播中的相关禁忌要高度重视，做到入心入脑。

（一）禁止出现直播时间不固定、随意下播的情况

直播时间固定是主播的态度问题，展现给观众的是长期、真诚运营直播间的态度，这将决定粉丝对直播的支持率。固定直播时间要注意：直播频率以天为单位，新手主播直播时长建议6小时以上，宜长不宜短，培养粉丝的观看习惯，避免粉丝流失。各个平台的情况不同，直播时长的要求也有一定差异，如淘宝直播平台直播时长建议8~10小时。

（二）禁止出现直播时只与某个或几个粉丝交流的情况

主播眼睛不能总盯着某几个眼熟的账号，与他们沟通交流，对观众要一视同仁，一起交流和互动。一方面，每个观众都具有一定的消费能力，且能来直播间进行互动都是主播的忠实跟随者，粉丝互动的适度性、公正性是直播间气氛稳定的保障；另一方面，在直播的过程中积极与粉丝互动，尽量照顾粉丝的情绪，回答粉丝的疑问，可以提高路人观众到粉丝的转化率。

（三）禁止在直播间随意谩骂、侮辱游客或粉丝

主播需要时刻注意自身形象，不要在直播间谩骂、侮辱游客或者粉丝；避免激化矛盾，使事态升级，影响正常的直播和直播质量。不堪的言辞和难堪的模样会让直播

间的粉丝失望，让路人观众退却。直播中遇到无理取闹的观众，主播要学会忍耐，以温和善良的心态积极说明，解决矛盾冲突，展现自身良好的素质。

（四）禁止有地域、种族、工种歧视或其他负面评价

对于主播而言，任何程度、任何领域（如地域、种族、工种等）的歧视行为都必须杜绝。作为主播，任何言论都有可能被放大传播，歧视性和负面言论不仅不符合社会公德要求，还会引来非议、谩骂，削弱粉丝的支持和喜爱度；对于一些年龄比较小的粉丝，还可能会带来错误的引导，甚至造成严重的不良后果。

（五）避免在直播顶峰期出现断播、停播、直播不稳定的情况

观众观看直播往往希望处于一个顺畅的网络环境中，拥有好的观看体验，因此直播间的网络支撑设备要足够强大，切不可出现断播、停播、直播不稳定的情况。哪怕只有一次断播的情况，对于直播来说都是一次毁灭性的打击。

（六）避免因各类外界因素影响直播质量

直播过程中往往会出现各种不可控的外界因素而影响直播质量，如突然断电、断网，直播设备突然发生故障等。因此，主播应秉持对粉丝负责的态度，在直播前尽可能地规避这些外界因素的发生。

学习单元 3

直播表现技巧

一、直播常用话术

主播与粉丝的交流沟通能力直接决定了直播的效果。可以说，直播很大程度上是一次语言表达艺术的展现，直播的核心就是直播话术的体现。作为一名合格的主播，必须掌握基本的直播话术。

话术即说话的艺术。同样的想法可以有多种不同的表达方式，如何用大众最能接受的方式进行表达，是直播话术的关键。一名成功的主播，其语言表达应该如同春天的微风轻轻拂过，吹向心灵最柔软的地方；其言谈或幽默或严肃，总能用合适的话语引起用户的兴致，让用户在不知不觉中下单。

直播话术是什么？哪些话术适合热场？哪些话术适合拉近和观众的距离？哪些话术又适合流量转化？以下将一一介绍。

欢迎话术

（一）欢迎话术

进入直播间的人会逐渐变多，此时应该采用的话术是：欢迎 ×× 进入直播间。注意这类欢迎语不宜太过机械化，可根据直播当天的实际情况适当做一些优化和改良。

当观众进入直播间时，主播能够看到观众的昵称和等级，直播欢迎话术示例如下：

例如，“欢迎 ×× （昵称）进入直播间，点关注，不迷路，一言不合刷礼物！么么哒！”

例如，“欢迎朋友们来到我的直播间，主播是新人，希望朋友们多多支持哦！”

例如，“欢迎各位小伙伴来到我的直播间，主播人美、歌甜、性格好，关注就像捡到宝，小伙伴们走过路过不要错过，喜欢我的宝宝在哪里？”

这些话术有一个基本原则：让观众知道他进入了你的直播间后，你在关注着他们，让他们有被尊重的感觉，从而提升用户的参与感。

关注话术

（二）关注话术

观众进入直播间后，主播可以通过话术引导其直接关注直播间，为直播间涨粉。在此过程中，主播要注重自我宣传，不断给新粉丝传递自己能够提供的服务和价值，展现个人的直播风格。这不仅能吸引新粉丝关注，还会让粉丝有先入为主的感觉，从而留下深刻的印象。可以采用的话术内容如下。

1. 预告直播时间

例如，“非常感谢所有还停留在我直播间的宝宝们，我每天的直播时间是 ×× 点—×× 点，风雨无阻，没点关注的朋友记得点关注，点了关注的朋友记得每天准时来玩哦。”

2. 宣传个人才艺

例如，“新进来的宝宝们还不知道主播是播什么的吧？我现在要宣传一波啦，你们听好了，主播是专门卖真丝连衣裙，同时兼职唱歌的。现在给各位表演一段，希望喜欢的宝宝们关注一下主播。”

3. 鼓励粉丝关注

例如，“我做直播呢，除了想得到别人的认可之外，也希望大家能够在一天的忙碌之后，进入我的直播间得到片刻放松，真正开心地笑一次，点关注的亲们，谢谢你们的认可。”

4. 给粉丝取昵称

例如，“以后就叫你们亲亲粉丝，我们就是亲密的一家人，欢迎大家随时跟我互动。”

感谢话术

（三）感谢话术

观众进入直播间后，逐渐会有观众打赏、关注或者购买主播推荐的产品，对这些行为，主播一定要用真诚的感谢来反馈。

感谢话术是对观众心意的回馈，真诚的反馈会让用户更有存在感，会有更多的观众加入直播。感谢话术示例如下：

例如，“感谢各位的喜爱，是我的才华或是我卖货的技巧，忍不住让你出手的吧，不接受任何反驳哦！”

例如，“感谢朋友们今天的陪伴，感谢所有进入直播间的朋友，谢谢你们的关注、点赞哦，今天很开心！”

例如，“感谢所有进入直播间的朋友，还要感谢很多人从我一开播就来了，一直陪我到下播。陪伴是最长情的告白，你们的爱意我收到了。”

互动话术

（四）互动话术

在直播过程中，粉丝可能会提各种各样的问题，例如，“主播多高？多重？”“这件衣服主播能不能试穿一下？是什么效果？”等。

如果粉丝问到了产品，说明他们对产品产生了兴趣，一定要耐心细致地解答。例如，“主播身高 165 厘米，体重 95 斤，穿 S 码，小姐姐们可以对比一下自己的身高体重，选择适合的尺码哦！”

遇到类似“身高不高能穿吗？体重太胖能穿吗？”“干性肤质能用吗？”等问题，就需要有针对性地引导观众购买产品。

如果有粉丝说“怎么不理我？一直不回答我的问题?”一定要及时安抚其情绪，例如，“没有不理哦，弹幕太多，刷得太快，我看到一定会回的哦，请不要生气哦!”

互动话术的关键在于细致耐心。一个问题可能会有很多人问，每个人问的问题可能也有很大差异，有时候需要反复回答相同的问题，所以主播务必要耐心。

追单话术

（五）追单话术

粉丝在下单过程中可能会犹豫不决，那么这个时候主播就需要用追单话术来刺激用户下单的欲望。可以采用以下话术内容。

例如，“这一款数量有限，如果看中了一定要及时下单，不然等会儿就抢不到啦!”

例如，“这次货品折扣仅限本次活动时间进行，错过了，我们就不会再有这个价格啦！想要的朋友抓紧时间哦!”

例如，“我们这款产品只有 10 分钟的秒杀优惠哦，喜欢的朋友们赶紧下单哈!”

例如，“还有最后三分钟哦，没有购买到的亲赶紧下单哦!”

下播话术

（六）下播话术

每一场直播都要有始有终，所以每天临近下播的时候，都需要有一套完整的下播话术，这不仅是对粉丝不舍之情的延续，也是主播对直播的总结。可以采用的话术内容如下。

1. 感谢陪伴

例如，“感谢今天的榜首 ×××，榜二 ×××，榜三 ×××，谢谢你们的礼物，特别开心。虽然 ××× 没有陪到我下播的时候，但百忙之中抽时间过来实属难得。感谢所有送我礼物的宝宝们，×××、×××（一一点出榜单上的名字就行）。明天早餐可以多吃一个鸡蛋了！另外，很多人从我一开播就来了，一直陪到我下播，比如 ×××、×××（各种点名）。感谢你们的陪伴，你们的爱意我收到了。”

2. 直播预告

例如，“今天的直播接近尾声了，明天晚上 ×× 点—×× 点同样时间开播。”

例如，“明天会提早一点播，×× 点就开播了，各位奔走相告吧！”

例如，“明天休息一天，大家放假啦！后天正常开播。”

3. 歌声祝福

例如，“最后一首歌《××××》，唱完下播，希望大家睡个好觉，做个好梦，明天新的一天好好工作，晚上我们再聚。当歌声响起的时候就是各位清币清仓库的时候啦！”

4. 主播总结

例如，“今天一共收到 ×× 万音浪，新增粉丝团成员 ×× 个，涨了 ×× 个关注，比预计的少了一点，我要更努力一点才行。”

从上述话术中不难发现，直播的时间不同，面对观众的不同需求，话术的侧重点不同，这就需要主播不断锻炼话术技巧。

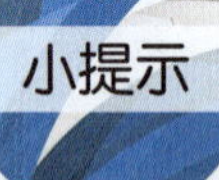

主播需要掌握不同话术的运用时机：

如果在卖爆量的商品，主播需要头脑清晰，语言简洁，要点阐述顺畅，情绪高涨。

如果在卖单价高、转化难度大的商品，主播的话术逻辑性要强，要有画面感，要显露出深厚的知识底蕴。

如果在直播中出现空白时间或一时失语的情况，主播可以尝试从观众的互动中寻找话题。例如，放一首好听的歌，和大家聊一聊看法或者感想，分享穿衣小窍门、健身技巧、下厨经验，聊电影，讲故事等。尝试分享一些共通的生活化内容，拉近与粉丝的距离。

案例

眉笔直播间核心环节话术

1. 开场环节

【××× 眉笔直播间话术】宠粉款

单款循环时间建议 10~15 分钟，正常循环场次建议 3~4 轮。

开卖价：89 元。直播价格：29.9 元买一送一。

销售亮点：①三种用法一支搞定；②上妆更快、更容易；③史无前例回馈价。

【配套动作】敲敲手机屏幕

宝宝们，我直播间里的宝宝们，你们都注意了！今天我们的重头戏来咯！首先我来做一项调查，听说过彩妆一线品牌 ××× 的宝宝，来，在直播间内给我扣 1！

我再换一种问法，对于这个牌子，不管你是男生还是女生，是阿姨还是大叔，是不是都听说过？家喻户晓的彩妆品牌，是不是？一句 ×××××××××× 的广告打到多少“仙女”心里去了！

【利用品牌影响力造势】

我告诉你们，你们今天进入我的直播间，绝对是赚到了！看着我的眼睛，宝宝们，我和你说，进来的你们真的是赚到了！

【配套动作】“我告诉你们”—边说边拍手，“看着我的眼睛”—指着自己的眼睛。

2. 产品展示环节

【配套动作】点、线、面，三种用法画在手上给粉丝感受线条和粗细的不同。

三种用法，这一支眉笔全都搞定了，上妆是不是更快、更容易？这还不是最重要的，宝宝们，你们知道最重要的是什么吗？是它防水、防汗、防脱妆的效果真的好到了极致，我给你们现场演示一下。

【道具准备】拿出放好水的喷壶

宝宝们，我话不多说，直接往这些线条上喷水。你们来看一下 ××× 眉笔，它的防水、防汗、防脱妆效果到底多好。你夏天热啊、汗多啊、怕脱妆啊，这些完完全全都不是问题！

【配套动作】喷壶喷在胳膊上

我知道我的前置摄像头自带美颜，也带滤镜，我为了让你们能看得更清楚一点儿，我现在切为后置摄像头！你们自己来看一看，刚才经历了我这样“暴风雨的洗礼”，我再揉揉、再擦擦，你们看一下我们刚才用这支眉笔画的线条是不是还在我的胳膊上。

3. 促单销售环节

【配套动作】走到展柜旁边，给大家看一下原件标签。

【注意】凸显实体店、价格、产品优势。

今天呢，一开始我也跟大家说了，你们进到我的直播间里一定是赚到了。我说我要给大家送福利，我一定说到做到。我们今天要送福利，就送他个彻彻底底！原价 89 元的眉笔，我们店里一分不便宜的，今天我给大家打个 5 折，45 块钱卖给你们，要不要？要的给我打个“要”！（为 29.9 元销售做铺垫）

姐姐们！宝宝们！你们都别着急，今天 ××× 这么好的眉笔，店里卖 89 元的，可以眉笔、眉粉二合一的，一支笔能打造出三种眉毛妆效的，防水、防

汗、防脱妆的，今天直播间里不要89块钱，也不要45块钱，今天 ××× 集团搞活动，回馈这么多年来新老顾客的支持和帮助，直播间里29.9元抢！对，没听错，这么好的眉笔，29.9元！而且，还送你一个替换芯，相当于29.9元买了两支 ××× 眉笔。

二、直播节奏把握

直播节奏是每位主播对一场完整直播的整体规划。主播需要明确直播的环节与流程，做到有始有终、有起有伏，给人以有条不紊之感，体现专业性和规范性，同时提高粉丝用户的观看舒适度。直播一般可以分为开端、舒缓、提神、释放四个阶段，依次对应的作用分别是吸引粉丝、缓解疲劳、刺激促销和埋下伏笔。

（一）开端：吸引粉丝

直播开始时，主播需要欢迎进入直播间的粉丝，可以利用欢迎话术，来一波活动或互动活跃气氛，给粉丝一个良好的第一印象。主播在事先制定的直播脚本中要列好开头语和预告性质的话术。成功的直播预告可以带动初始流量，因此建议主播做好直播预告。

（二）舒缓：缓解疲劳

一场直播往往会持续2～3个小时甚至更久，不宜持续推介产品，建议在一个半小时左右，与粉丝交流一些有趣的日常话题，或是分发福利、表演节目、互动游戏等，提升直播的娱乐性，放缓直播节奏，进而缓解主播和粉丝的疲劳状态。

（三）提神：刺激促销

在直播过程中，主播要抓住粉丝活跃度最高、流量最大的时间点，播出事先策划好的促销活动内容及推荐当天的优质款产品，这样可以更好地带动粉丝消费，提升直播间的成交量。

（四）释放：埋下伏笔

在直播的尾声，主播需要做一波直播间的活跃活动，并且为下场直播进行宣传预告，埋下伏笔。最终，在一个用户活跃度较高的状态下下播，截留数据，为下场开播积累惯性、积累流量。

三、直播中可能遇到的危机及解决办法

直播中难免会遇到意外、突发情况，除了依靠主播临场的应变处理之外，同时还需要直播团队针对各类突发情况做好预案准备工作。

以下介绍三种常见的突发状况及解决预案。

（一）直播中的硬件问题

1. 卡顿

直播卡顿会造成直播的画面不流畅、画面和声音不同步的现象，如图 3–12 所示，往往会让观众有不舒适的观看体验，进而导致退出直播间。所以，保持良好的直播流畅度是一场直播的基础，也是非常重要的。

若是由于设备配置太低导致的卡顿，可以通过提升计算机的配置改善这种情况，一般可以采用英特尔 i5 处理器，有长期直播需求的主播，建议使用英特尔 i7 处理器。网络环境不佳的情况，需要直播团队预先改善网络环境，建议采用 50 兆及以上的光纤宽带，同时一个 Wi–Fi 建议只供给一台直播设备。

2. 黑屏

直播过程中界面突然呈现黑屏，如图 3–13 所示。当黑屏情况出现在计算机端时，点击推流按钮即可。

图 3-12　直播卡顿

图 3-13　直播黑屏

当黑屏情况出现在手机端时，一般是由于手机的摄像头被其他 APP 占用或启动太多 APP 导致手机运行卡顿，这时就需要手动关闭一些无关 APP，重新打开直播 APP，从而恢复直播。

如果重启直播 APP 后仍然黑屏，就要检查一下网络情况，确认网络环境是否正常。

3. 闪退

闪退是指直播过程中，软件意外自动关闭，或者打开软件就自行关闭，如图 3-14 所示。

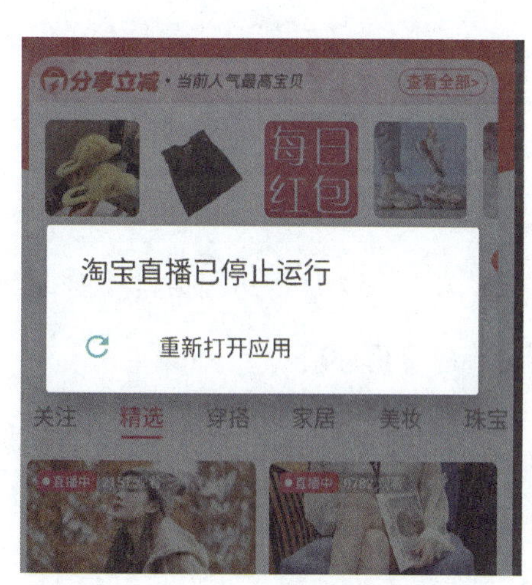

图 3-14　直播闪退

造成这种情况一般有两个原因，一是手机内存不足，二是 APP 更新后不稳定。手机内存不足，需要先清理手机内存，之后重新打开直播程序，恢复直播。APP 不稳定的情况一般会出现在每次直播 APP 更新后，导致直播闪退，可以重新打开程序，尝试恢复直播，若还是频繁闪退，就需要将有关问题及时反馈给直播平台方，寻求解决方案。

（二）直播中产品链接出现的常见问题

1. 产品链接失效

产品链接失效，一般是由商家的商品下架导致的。但也有部分商家，特别是美妆类商家，会将优惠活动的商品放在小链接中提供给主播，这类链接不会 24 小时有效，需要主播与商家进行对接，在失效后让商家重新提供链接。

2. 产品优惠额度不一致

在直播过程中，商家给粉丝提供的优惠与主播在直播中宣传的优惠不一致，需要分情况处理：

第一种情况是商家在直播时给出的优惠大于之前与主播协商的优惠。主播可以让粉丝向商家报出主播名称，先拍下商品，但不要付款。经协商后如果商家要求补差价，则告知粉丝根据自身的接受程度决定是否付款。

第二种情况是商家在直播时给出的优惠小于之前与主播协商的优惠。处理方式与第一种情况相同，先让粉丝拍下商品，但不要付款，跟商家协商后确定最终优惠额度。不宜因为某款商品的优惠信息错误而暂停或阻碍直播进程，以免给粉丝留下不好的印象。

3. 粉丝无法加群

粉丝无法加群是因为粉丝拥有商家身份，遇到这种情况，只需要让粉丝自查是否为商家身份即可。

4. 粉丝互动不可见

遇到粉丝发言主播和其他用户不可见的情况，通常是粉丝的 ID 或者发言的内容存在违规问题，此时就需要主播耐心跟粉丝解释，并说明看到粉丝的留言后会立刻回复。

5. 粉丝对产品不满意

遇到粉丝收到货物不满意，在直播间发弹幕表达负面情绪（俗称带节奏）的情况，很容易影响主播情绪，此时需要判断商品是否真的存在问题，如商品确实存在问题，可向粉丝保证退换货，在下播后跟商家联系。

主播在直播中对于粉丝反映的问题，需要尽量及时提供解决方案，不宜过度纠结，避免被打乱直播节奏。常用的处理方式是在直播中予以解释、说明，并给出解决承诺，其余问题下播后联系商家让商家在 1～2 天内解决。

6. 商家问题

遇到商家优惠取消、客服无人回复、产品（或福利样品）漏发等情况，主动与商家协商解决，若无法解决，也要站在粉丝的立场维护粉丝利益，切忌将商家的错误揽到自己身上。

（三）直播中遇到恶意评论

在直播过程中，主播还会遇到粉丝突然发弹幕声称“主播好丑”“主播怎么那么黑”“主播你怎么脸那么大”的恶意评论。此时，主播要摆正心态，切忌与粉丝在直播间互骂，影响直播质量。同时可以用高姿态的方式予以回答，如针对“主播怎么这么黑”，可以回敬“是啊！所以我们才要在日常生活中注重保养”。

主播无法满足每一位观众的审美及趣味，所以应对“黑粉”最重要的就是要调整心态，切忌因攻击性言论影响直播状态。

案例

不同商品的直播话术

针对不同的商品，在直播带货过程中，需要采用不同的话术进行介绍。如美妆类产品，要着重介绍上妆后的效果，需要用样品进行涂抹演示，让观众直观感受到效果；针对功能单一的日常用品，就要对产品的材质细节进行展示和说明。

以下就上述两个典型商品类目，展示不同商品的直播话术。

1. 美妆类：某品牌积雪草水乳套装直播话术

产品展示	近几年，从韩国涌现出来的爆款护肤品简直太多了，雪花秀、兰芝、悦诗风吟……价位从高到低应有尽有，能满足不同年龄阶段仙女的护肤需求。今天主播就来介绍一款韩国本土人最爱用的护肤品。这款又好用又实惠的高性价比好物可是韩国人的最爱，我们也可以跟着放心种草哦！ 大家看我手里的这款积雪草水乳套装。 现在正值秋冬换季，作为一个皮肤干燥敏感的人，我真的很害怕秋冬季节皮肤缺水敏感，于是也赶紧入手了一套。 秋冬皮肤有问题的“小可爱”，非常建议你们入手试试。
公司介绍	然后我也去查了厂商的背景，一查才发现人家真是非常有实力哦。（对公司进行简单介绍） 厂商是韩国本土非常有名的制药公司； 它是韩国 × 大药厂之一，上市企业，在韩国是非常有实力的企业； 它家有款修复药膏至今已经有 50 年的历史了，配方延续至今，不断升级。现在仍旧是韩国医美诊所用于术后修复的产品。
产品介绍	大家看我手里这款积雪草水乳。（展示爽肤水 + 精华乳） 这款积雪草水乳的包装如大多数药妆品牌的护肤品一样，没有花哨的包装，采用简约的白色为主色调。水乳包装上数字“24”代表这款水乳以让肌肤重返 24 岁时的状态为目标，并为肌肤带来 24 小时的保湿。 这套水乳里面含有高浓度的积雪草成分，重点是里面不含一滴纯净水，水的成分其实是从积雪草中提取出来的液体水。爽肤水呈透明水状，非常清爽，不黏腻，有淡淡的积雪草的味道，很好推开，吸收很快，无激素，不刺激。除了日常可将它当作爽肤水之外，还可以用它来湿敷，适合急救或者涂在肌肤问题较严重的区域。 精华乳质地有点像精华混合了乳液的感觉，但是不黏腻厚重，非常好推开，用后感觉很水润，而且没有泛油光的现象，用后感觉自己的脸蛋嫩嫩软软的。（主播可涂抹展示） 味道比较清淡，里面添加了非常知名的积雪草成分以及各种植物萃取精华，针对细纹、痘痘、缺水等问题皮肤的修复效果都非常好。坚持使用皮肤会变得细腻很多哦！

2. 女装类：冬季打底裤直播话术

前期引入	我们都知道，拥有两条笔直纤细的大长腿，女人的魅力指数就会大幅升高。很多明星都有着漂亮的双腿，我记得一位明星在一档节目中曾说过，她冬天都是要穿 3 条毛裤的，但是丝毫不影响人家的美腿，毕竟人家是练舞蹈出身的，身材好！ 生活中，很多姑娘没有明星的身材，所以天一冷就开始发愁，每天出门都在保暖和露腿之间挣扎着，穿的少了嫌冷，穿的多了显胖而且大腿、小腿看起来也是粗壮粗壮的。 别人在冬天却依旧婀娜多姿，拥有笔直修长的腿、挺翘的臀和纤细的腰。同样是女人，为什么别人的腿又细又长？悄悄告诉你们，因为人家穿了瘦腿打底裤。
产品展示	今天给大家介绍一款高腰加绒打底裤，不用再纠结穿不穿秋裤，一条打底裤让你零下 20 摄氏度也感觉不到冷，同时还能快速瘦腿、塑形，显瘦 10 斤不是梦！我很喜欢它的高腰收腹设计，可以包裹住腰上的赘肉，肚子看起来就像小了一圈一样。加上高腰加宽和提臀的设计简直就是良心卖家啊！（给大家展示）
功能介绍	这款高腰加绒打底裤是一款升级改良版的打底裤，兼具保暖瘦腿的效果，同时还能有效地提臀、收腰、塑形。这款打底裤从设计到选料和做工都有着严格的要求。一条打底裤穿上 3 年都不会坏。 科技保暖火山绒，37 摄氏度长效恒温保暖。作为秋冬的时尚单品，打底裤的第一要素就是保暖性能，选用日本最新的科技保暖火山绒，火山绒内含硒、铝、钙等几十种矿物质，通过矿物质吸收人体湿气产生热量，能持续给人体提供 37 摄氏度以上的温度。 选用火山绒除了其强大的保温效果，还有就是其舒适性，打底裤内层的火山绒非常浓密，绒毛又细又滑，柔顺亲肤，紧贴在身上不仅舒适，还能保暖挡风。 这款打底裤的厚度达到了 3 800 D，市场上保暖性的打底裤大多数厚度是 1 200 D，保暖效果一般，而穿上这款打底裤，即使是在平均气温零下 20 摄氏度的地区也感觉不到寒冷。 我们测试过打底裤的保暖性，在室外温度零下 16 摄氏度状态下 3 个小时的温度仅下降 0.7 摄氏度，可以做到长效保暖，且平均温度可达到 37 摄氏度。 打底裤外表面采用的是高密度精梳棉面料，柔软舒适，耐穿不起球，透气性也非常好，配合蜂窝式的面料针织结构，可以将吸收不了的湿气排出体外，避免裆部和肌肤表面闷湿。

培训任务四

粉丝互动营销

订单处理

直播订单处理是直播售后的重要组成部分。为了有效地提高订单的成功率，需要采取标准的订单处理机制。

一、直播订单类型

从付款和分销的角度，可以将直播订单分为第三方平台支付订单、货到付款订单和款到发货订单三种类型。

（一）第三方平台支付订单

第三方平台支付是指客户将货款存入第三方平台账户，第三方平台通知主播，主播确认订单信息并发货，客户确认收货后，第三方平台再将货款存入主播账户。

（二）货到付款订单

货到付款是指客户在确认收到主播的货品后，通过网上银行、支付宝或其他在线支付方式向主播付款。

（三）款到发货订单

款到发货是指客户先付款，主播再发货。客户的付款方式有银行电汇、电子转账（包括汇款、支票等）。

二、直播订单处理流程

直播订单处理流程主要包括订单确认、订单分配、订单发运和订单收款四个环节，具体如图 4–1 所示。

（一）订单确认

主播在直播结束后，需将直播间的订单导出汇总处理，主播通过线上联系或电话联系的方式向客户确认订单信息。确认内容主要包括客户填写的收货地址是否真实有效，以及商品的相关信息是否准确。针对第三方平台支付订单和款到发货订单，主播还需要通过支付系统后台或银行账户系统确认客户的支付信息，以确定是否成功到款。信息存在错误或无法核实的订单将被视为无效订单，主播可以通过后台系统对其进行取消。

（二）订单分配

订单确认无误后，主播可以进行货物准备，并进行下一步操作，即把订单分配给物流部门或不同的物流公司发货。第三方平台支付的订单需要主播自行打印电子面单，货到付款和款到发货的订单则由物流部门或物流公司根据订单信息出具电子面单。

这里需要注意的是，对于拥有多家网络店铺的主播而言，需要对应多家店铺订单，如果每家店铺都出具电子面单，不仅管理比较麻烦，成本上也不划算。此时可以使用打单工具来进行统一的管理。比如，有淘宝店铺的主播可以通过【旺店宝】–【打单发货】–【打单设置】的进入路径，选择【关联店铺】功能即可实现多店铺相互关联。主播只需要登录一个卖家账号，就可以管理多家店铺订单。一家店铺开通电子面单，多家店铺共享，提升统计结算的效率；同时也便于快递对账，查询异常件，可大大提高

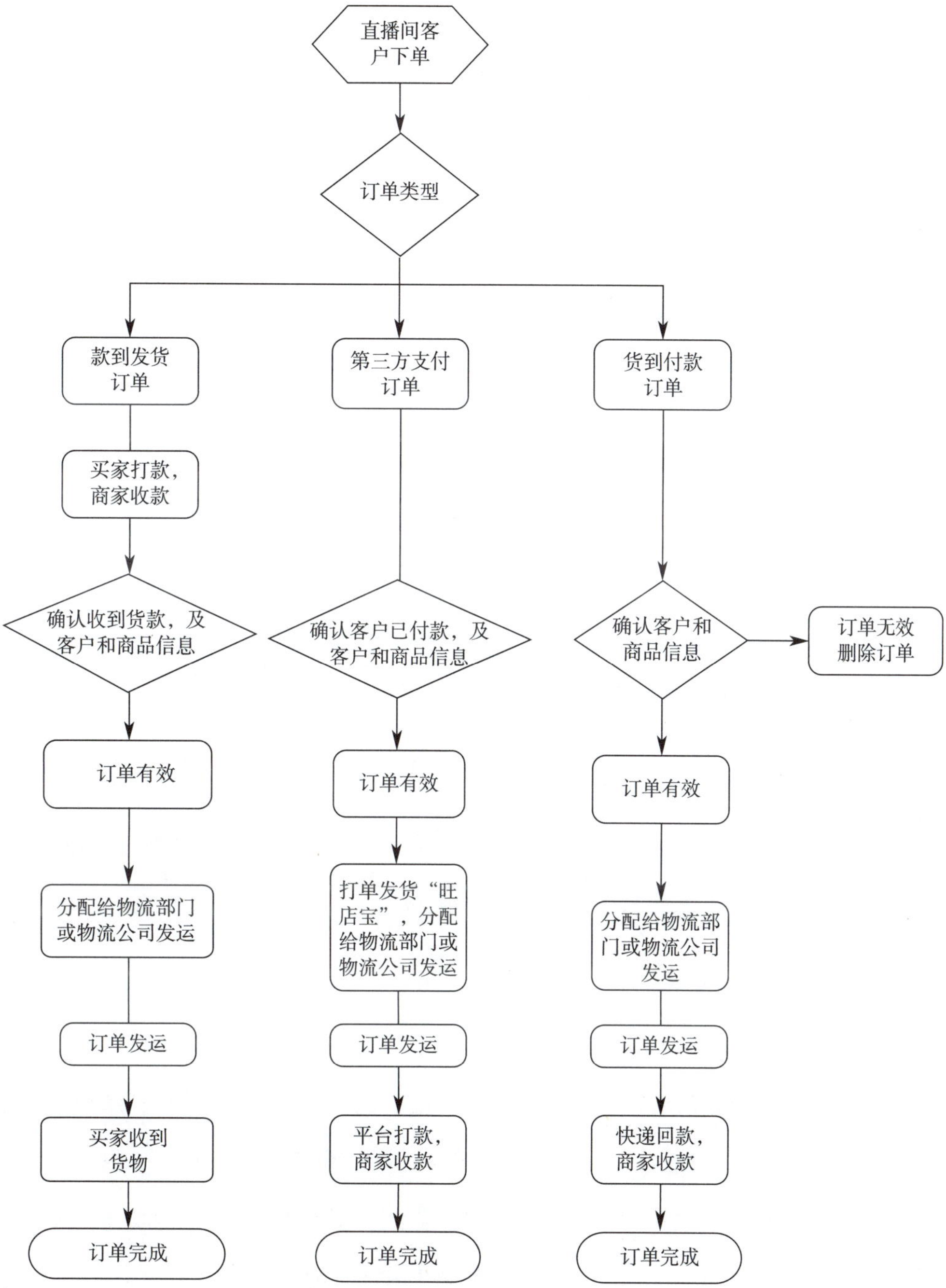

直播间客户下单

订单类型

款到发货订单

买家打款，商家收款

确认收到货款，及客户和商品信息

订单有效

分配给物流部门或物流公司发运

订单发运

买家收到货物

订单完成

第三方支付订单

确认客户已付款，及客户和商品信息

订单有效

打单发货“旺店宝”，分配给物流部门或物流公司发运

订单发运

平台打款，商家收款

订单完成

货到付款订单

确认客户和商品信息

订单无效删除订单

订单有效

分配给物流部门或物流公司发运

订单发运

快递回款，商家收款

订单完成

图 4-1　订单处理流程

订单处理效率。

（三）订单发运

确认电子面单信息后，物流部门或物流公司将发运货物。这里需要注意的是，日常订单发运应严格按照发货时间执行，尽量做到当天订单当天发货，因为不发或者晚发容易引起客户不满，对接下来的售后工作开展和客户维护工作都十分不利。

（四）订单收款

订单收款主要有货到付款（包含第三方平台支付到款）和款到发货两种处理方式。在收到货款的情况下，如果主播所在店铺有单独的财务部门，付款确认通常由财务人员完成，否则需要主播关注这一环节。订单收款环节是整个订单处理过程中一个相对独立的环节，它不依赖于其他任何环节，只要确认为有效的订单，就可以跟踪和处理其收款情况，因此需要确保该项工作执行人的专业度和责任感。款到发货订单的订单收款环节在订单确认环节之前完成。

三、订单售后技巧

良好的售后服务是巩固客户群体、实现可持续经营的必要条件。对直播带来的订单而言，主播及其团队在提供订单售后服务的过程中应注意以下几点。

（一）与客户保持联系

除了直播间里的互动，主播及其团队可以将售后环节作为与客户保持长期联系的主要方式。在与客户联系前，主播可以根据自己店铺的实际规模及销量情况，按照客户在店消费金额和订单数量将其分成 abc 三类：a 类客户消费金额和订单数量均较高，对此类客户可保持每周联系一次；b 类客户消费额和订单数量较 a 类客户略低，但有复购，对此类客户可每月联系一次；c 类客户在店铺有消费，但几乎没有复购，对此类客户每半年至少联系一次。售后服务人员和客户可以采用多种方式保持联络，除了线上交流外，还可以给客户打电话、写信、寄贺卡等。

（二）倾听客户抱怨

倾听客户抱怨是售后服务的一项重要内容。主播及其团队要做到诚恳地关心客户，急客户所急、想客户所想，在倾听中了解客户的不满并尽力解决。这不仅可以使客户心理平衡，而且可以知道问题所在，以便优化直播效果，提升服务水平。

（三）及时回复客户消息并进行补偿

当有客户反馈商品与直播中的宣传不符或者未在规定时间内送达时，主播应该及时向客户表态并及时处理。针对过错在主播或平台的问题，主播及其团队应在 24 小时内予以回复并提出解决方案，在 48 小时内对客户作出补偿，最大限度挽回客户对产品的信任。

（四）跟进二次服务

二次服务是针对曾经在店铺购买过商品的客户进行的后续跟踪服务。对于退货退款订单，主播需要及时跟进，提供后续服务。

如果客户退货原因不涉及商品质量问题或使用问题，主播应先解决客户问题，安抚客户情绪，尽量挽留客户，说服客户不退货。

如果客户确定不要商品，主播应及时处理退货申请，帮助客户尽快完成退货退款流程，降低客户的购物成本（时间、精力、感情等）。在此过程中，客户可能因为被再次服务而感受到主播的诚意，从而提升客户的“回头率”。

（五）提供与商品无关的服务

必要时主播及其团队还可以为客户提供售卖商品以外的服务，如商品相关信息的查询、其他配套商品的购买地址，以及商品的延伸使用方法等。通过这些服务，主播可以与客户建立起朋友般的信任感，从而提升客户的“回头率”。

（六）定时查看客服聊天记录和商品评分

主播及其团队应每 2 ~ 3 天抽查客服聊天记录，查看客户的评价反馈，以便及时改进相关服务。例如，主播及其团队可以每周（具体周期视工作量来确定）组织召开聊天记录的分享会，以典型案例来补充、规范售后话术技巧；可以定时排查店铺架上评分低于 4.8 分的商品，关注客户收货情况及对产品的评价情况等。

（七）多开展店铺活动

主播可以将直播安排和店铺活动结合起来，及时把店铺活动信息通过直播介绍给客户，引导客户在店铺活动期间多下单。直播中可重点推荐评价多、评价好的商品，利用店铺活动增加订单。

注意：主播在经营店铺时需要明确自己的责任、义务，自觉强化诚信经营，加强自身的规范管理。主播不能只要人气，只想获利，不负责任。

某直播订单的售后服务

2020 年 3 月 7 日，李女士在某直播平台海购了一支某品牌立体口红，3 月 14 日收到商品。李女士检查商品时发现没有外包装膜，也没有标注产品规格，而且口红膏侧壁划伤两处。于是，李女士将该问题反馈给主播，要求退货，可主播回复此问题属于运输碰撞或海关检查造成的正常现象，不影响使用，因此不予退货。

李女士立即联系该直播平台的客服人员，但客服人员前后三次与主播谈判均没有达成退货，主播只愿意补偿李女士 20 元的平台优惠券。3 月 23 日，平台客服人员告诉李女士，如果需要退货，税金和运费需自行承担。李女士认为，产品质量问题等不应由消费者来负责，而且主播在直播过程中应该提前告知消费者任何可能出现的产品质量问题，以及发生问题后的处理办法。

最后，经直播平台与主播再次沟通，确定该订单支持退货且不扣除相关费用。而由于售后订单处理不及时、方法不正确，购物体验不佳，李女士也表示，不会再进入该主播直播间，也不会再到该主播的店铺购买商品。

粉丝营销

完成订单处理后，一场直播活动可以宣告结束，但主播及其团队并不能就此停歇，还需要通过直播的复盘来了解粉丝对直播的需求，为下一场直播做好准备。

一、直播复盘

所谓复盘，是指在直播活动结束后，主播及其团队对此次直播活动的各项数据进行回顾、分析、总结，查找差距、弥补不足、积累经验，确定后续整体直播的节奏，优化直播效果的过程。没有一场直播是完美的，每场直播都有值得反思的地方，尤其是对于刚刚涉猎直播的主播来说，复盘更是不容忽视。

直播复盘通常需要对以下数据进行分析。

（一）单次直播活动即时数据

单次直播活动即时数据包括直播间基础数据及复看、流量来源、粉丝资产等数据，这些数据一般都可以在直播详情内找到，或可根据详情页中给定的数据分析获得。

1. 直播间基础数据

（1）PV。PV 即 Page View，指的是直播间浏览量，常称为流量，直播间每被浏览一次，就产生一次 PV 流量。但是，PV 并不直接决定直播间访客数量，PV 高也不一定代表访问直播间的客户数量就多。一个客户（一个独立的 IP）通过不断刷新页面也可以制造出非常高的 PV，因为他每刷新一次页面，就会产生 1 次 PV，刷新 100 次页面，PV 记录就是 100 次。

（2）UV。UV 即 Unique Visitor，指独立访客数，也就是单次直播活动中通过各种途径访问直播间的客户数量。与 PV 不同的是，一个客户（一个独立的 IP）访问直播间只产生一次 UV，无论他刷新多少次页面，反反复复多少次进入该次直播活动，UV 记录都是 1。

注意：整场直播的流量总 PV 和总 UV 非常重要，是计算其他许多重要数据的基础。

（3）取关粉丝数。取关粉丝数是直接影响直播间数据权重的一项数据，可用累计粉丝数量减去现有粉丝数量求得。

（4）驻留时长。驻留时长可以从侧面反映直播间热度、粉丝活跃度及内容专业度。驻留时长的计算方法为：（直播总时长 / 总 UV）× 平均在线人数。直播间驻留时长越长，说明主播的内容越能吸引粉丝和客户，说明直播间售卖的时间也越长，相应的直播间下单转化率也就越高。

（5）粉丝回访次数。粉丝回访次数即直播活动中粉丝进出直播间观看直播的次数，这在一定程度上可以反映出直播活动及内容的吸引力，也影响着直播间的复购率、转化率等。

（6）粉丝互动频率。粉丝互动频率即直播活动中与主播进行交流的人数与已关注主播的人数的比值，计算方法为：粉丝互动频率 = 互动人数 / 粉丝总数。粉丝互动频

率越高，说明直播间粉丝活跃度越高，直播间氛围越好；反之，则说明直播间场面冷清。

（7）粉丝画像。粉丝画像即根据粉丝年龄特征、性别特征、职业属性、粉丝习惯、粉丝偏好、粉丝行为等信息而抽象描述出来的标签化粉丝模型。例如，淘宝粉丝画像以三四线城市宝妈、学生、女性人群为主。粉丝画像是主播设计有效营销活动、开展针对性营销的重要依据。

（8）粉丝回访时段。粉丝回访时段就是粉丝的消费时段，在这些时段开播，观看直播的粉丝数量可能会比较多，粉丝的回访率和直播间的转化率也相对较高。

（9）粉丝转化率。粉丝转化率即直播间客户转为粉丝的人数和直播间客户人数的比例。

（10）粉丝地域分布。不同地域的人群消费习惯不同，消费类目也呈现多样化，分析粉丝地域分布可为主播设计直播间活动、直播选品等提供参考。

（11）下单转化率。直播间下单转化率能清楚地反映直播效果与产品吸引程度。下单转化率的计算方法为：下单成交客户数 /UV。

了解这些基础数据之后，主播可以更清楚地了解直播间客户的消费习惯，能够更有的放矢地去做好直播内容。

2. 复看数据

复看数据是指访客的点击率，也就是单个客户进出直播间的次数。复看数据的计算方法为：PV/UV。

复看数据反映了主播在直播间的运营是否到位，以及粉丝与直播间、产品和店铺的黏性情况。

3. 流量来源数据

流量来源数据反映的是进入直播间的客户通过何种方式进入直播间，主播应予以关注。不同的直播平台流量来源会稍有不同，例如，抖音直播平台的流量来源主要有

同城推荐、直播推荐、视频推荐、关注等，如图 4–2 所示；淘宝直播平台流量来源有直播推荐、店铺、关注、微淘、共享回流、开播推送等，如图 4–3 所示。

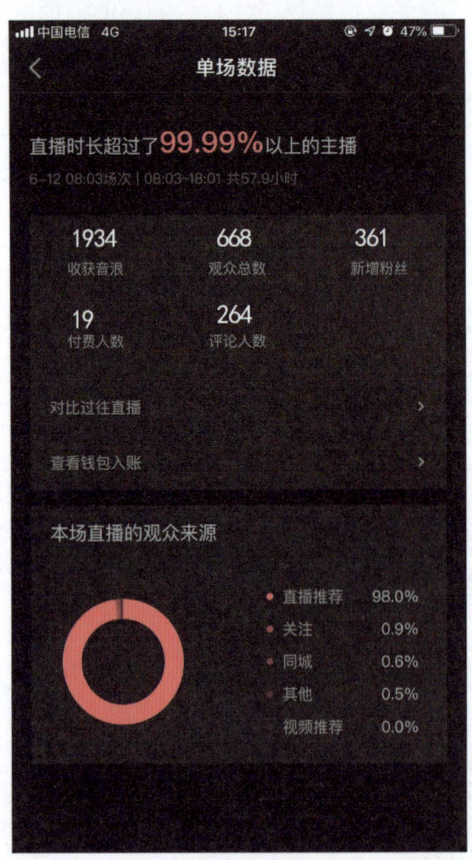

图 4–2　抖音直播平台流量来源

流量来源	浏览 PV	浏览 UV
整体	21334(100.00%)	19708(100.00%)
来自直播推荐	17682(82.88%)	16335(82.89%)
来自关注	2632(12.34%)	2429(12.32%)
来自开播推送	6(0.03%)	5(0.03%)
来自分享回流	2(0.01%)	2(0.01%)
来自店铺	826(3.87%)	754(3.83%)
来自微淘	186(0.87%)	183(0.93%)

图 4–3　淘宝直播平台流量来源

流量来源数据是影响直播间实时流量的重要指标，主播必须充分利用现有的资源，使每个来源渠道的流量最大化。如果主播发现某一渠道的流量不高，就可以集中精力对该渠道进行优化，增加该渠道的活跃度，实现为直播导流的目的。

小提示

主播也可以通过一些功能插件，针对老客户来举办一些活动，如直播间签到活动、“抢楼”活动以及摇奖活动等，刺激老客户进入直播间，但是切记这些活动越简单越好。

4. 粉丝资产数据

粉丝资产数据主要通过粉丝观看直播时长、新增粉丝数等数据体现。

粉丝观看直播时间越长，说明直播内容对其吸引力越大，粉丝的黏性也就越高。新增粉丝数是粉丝资产数据中最重要的一项指标，也是直播平台权重最大的一项指标。首先，主播需要把进入直播间客户的注意力都集中到自己身上，让其关注，成为自己的粉丝，从而增加直播间的粉丝基数，以便获得更多的转化机会。

此外，主播还需要关注直播间即时观看人数、销量、点赞数据、评论数据，以及主播正在推荐商品的点击次数等，如图 4-4 所示。其中，商品点击次数越多，说明该商品在直播中的吸引力就越大。如果商品的点击次数较少，主播应注意提高商品在直播话术中的渗透率，然后抓住粉丝的“痛点”，制定适当的营销策略在直播中推荐商品，如“新粉丝可获得独家价格 × 元”，以提高商品的下单转化率。

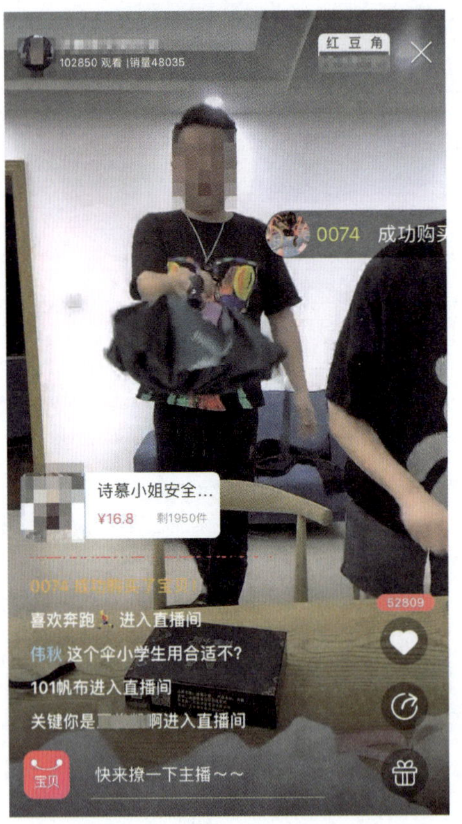

图 4-4 直播间流量数据图

小提示

除各类直播数据外，主播还应关注直播间的评论数据。评论数据通常包括每分钟评论数量、每分钟评论人数、非粉丝评论情况等。直播间评论数据的提炼能够让主播更快、更精准地判断出直播内容的吸引程度、客户或粉丝关注的内容、直播间的热度等。例如主播卖的是 A 商品，但是大量的客户在直播间询问关于 B 商品的信息，这就说明当前客户对于 B 商品更感兴趣，主播可有针对性地调整营销策略。

（二）直播大盘数据

直播大盘数据是指整个直播行业的排行及各种指数，能够科学地反映整个直播市

场的行情。直播大盘数据主要包括主播排名、大盘数据转化、主播活跃度、地域分布和产品信息等，部分直播平台（如抖音直播平台等）官方就会汇总给出该数据，主播可直接查找观看，也可从某些第三方数据平台（如知瓜数据、灰豚数据等平台）中获得该类数据。

通过了解直播大盘数据，主播能更清楚地了解各主播的排名动态，排名靠前的直播行业情况、直播间活跃度、粉丝数等，观看直播的人群特征，如年龄段分布及性别比例等，以及直播行业的实时动态，如直播排名靠前的相关商品类目等。

（三）直播竞品数据

直播竞品数据指的是与自己经营同类商品的主播的有关情况。主播需要选择适当的竞争对手进行分析，如同时段开播、同标签、同产品定价、同等级流量的主播。通常，主播需要分析的直播竞品数据包括主播个人流量情况、同时段主播数据、主播个人销售转化、同标签主播数据、同期主播数据、同产品主播数据、同等的流量主播数据和指定主播数据等，基于这些数据分析确定与自己相匹配的竞争对手，进而取长补短，促使自己不断提升直播能力。

二、提升直播关注度

直播关注度直接影响主播的带货效果和商家的营业额，那么，如何才能提升观众和粉丝对直播间的好感，如何才能提升直播间的关注度呢？以下介绍几种常用技巧。

（一）强化表情动作

直播关注度很大程度上取决于主播的表现。很多新手主播往往就因为在直播间表情动作僵硬、不够丰富而人气不佳。

直播间是主播和观众沟通互动最重要的场所，主播除了要善于调动现场气氛，处变不惊外，还要尽可能多地增加与粉丝间的交流，提高粉丝的参与感。

主播应该尽量施展自身的优点来吸引住直播间的观众，适当增加表情和动作。除了微笑，也可以考虑更丰富的表情和动作，比如剪刀手卖萌、手比爱心等。通过细节传达善意，让粉丝不仅感受到主播的积极与热情，还能对主播产生认同感和亲切感，从而提升直播关注度，促使观众成为固定粉丝。

（二）积极表达谢意

当有粉丝送礼物给主播或者下单时，无论数量与价值是多少，主播都要一视同仁，向送礼物或者下单的粉丝表达谢意，如“谢谢 ×× 的礼物”或“谢谢 ×× 对直播间产品的支持”等；最好能配上适当的赞美，如“谢谢 ×× 的第二次送礼，你真大方”等。这样做的目的就是，让粉丝感受到主播的诚意与热情，并有意愿继续互动。主播可以用一些幽默的暗示，如“好久没有看到过 ×× 礼物了”“求上榜”等，来增加粉丝送礼物的积极性，切忌直接向粉丝索要礼物。

（三）积累幽默素材

幽默感可以帮助粉丝放松心情、释放压力，为主播凝聚更多人气。因此，主播及其团队可以在日常生活中积累幽默故事或相关素材，在直播过程中适当进行穿插；但切忌照本宣科地讲笑话，造成刻意幽默的生硬感，引人反感。

（四）分享生活经历

分享个人独有的生活经历，可以帮助主播拉近与粉丝之间的心理距离。不一样的人有不一样的人生经历，会产生不一样的生活感受。每个人都期望能有一个对象可以倾听自己的诉说，也很乐意去倾听别人的诉说。这种交流机制也可以帮助主播提升直播关注度。

三、提升粉丝活跃度及留存率

主播在开展直播前要完成私域（即非公共领域）引流，通过几种私域的模式关联到直播间，用直播间进行预热转化，达到直播收益最大化的目的。

要解决直播的私域流量问题，主播可以通过在抖音平台拍摄和制作短视频，起到

引流作用。主播首先拍摄出符合自身定位的引流短视频，再根据短视频内用户的评论内容来了解短视频引流的效果。在引流短视频起到一定作用时，主播可以进行二次引流，也就是在短视频中关联产品的链接。在有一定流量的基础上，主播可以开展直播。鉴于当前主流消费群体偏向年轻化，而这类群体更倾向于内容直播，建议主播通过形式多样、内容丰富的产品介绍来集聚人气，增加粉丝。

（一）提升粉丝活跃度

粉丝活跃度是指直播间内粉丝活跃、互动的频率。随着引流带来的粉丝存量增加，主播应考虑如何提升粉丝的活跃度。粉丝活跃度直接关乎直播效果的达成，是衡量直播间氛围和热度的重要指标之一。提升粉丝活跃度的常用方法包括以下五种。

1. 粉丝激励

粉丝激励是指主播在不断与粉丝互动的前提下，利用一些奖励手段鼓励粉丝参与一系列活动，从而活跃直播间气氛，如点赞达到一定数量后进行才艺表演、抢红包、发放优惠券等。

另外，主播还可以鼓励粉丝多分享直播间，当直播间观众人数达到一定数量后，可以发送红包、优惠券，做产品秒杀活动等。

2. 连麦 PK

连麦 PK 就是指两个主播在不同的直播间进行连麦互动，直播画面一分为二，同时显示两个主播，两方的粉丝也会进入同一直播间中。

当两个主播成功进入 PK 模式后，两方粉丝通过点赞、刷礼物等方式为自己的主播加油。根据直播画面上的蓝色条和红色条的贡献度来决定胜负。

对于粉丝来说，自己关注的主播赢得 PK 的胜利，往往可以增加自身的成就感，因此，主播之间的连麦 PK 不仅能够提升直播关注度，还能活跃直播间气氛、提高粉丝参与度。

3. 互动话题

主播在直播间与粉丝互动时，还要注意到观众弹幕中的话题内容，不可只顾及自己单方面的交流和互动。当直播间观众引出话题时，主播要及时抓住话题信息，在适当的时候引入该话题进行直播间中新一轮的交流，这样能够更好地提升直播间粉丝活跃度，活跃直播间氛围。

4. 粉丝互动

无论在什么样的平台观看直播，无论进入直播间的目的是什么，所有进入直播间的粉丝都希望主播能够注意到自己。只要主播和粉丝主动搭话，就能率先赢得好感，这在人气高涨的直播间尤为见效。当主播在众多粉丝中点到自己的名字，粉丝会感觉受到了重视。所以，主播在进入直播间时要主动打招呼，尽可能多地回复粉丝发的弹幕。

5. 粉丝福利

对于提高粉丝活跃度而言，除加强与粉丝的互动外，主播还可以通过发放粉丝福利等手段促使粉丝对自己和直播间产生兴趣，激发直播间粉丝的购买欲，让更多的粉丝参与到互动中来。

（二）提升粉丝留存率

在直播开始时就进入直播间，并经过一段时间仍然停留在直播间的粉丝称为留存粉丝。粉丝留存率是指在某一段时间内留存用户数量占当时新增粉丝数量的比例。留存率反映的实际上是直播间的一种转化率，即由初期的不稳定的用户转化为活跃用户、稳定用户、忠诚用户的过程，随着粉丝留存率统计过程的不断延展，就能看到不同时期用户的变化情况。粉丝留存率是衡量主播水平和能力的一项重要指标，不定时抽奖（见图 4-5）、分享直播间、发放红包等都是提高粉丝留存率的常用手段。

图 4-5　口令抽奖

四、提升粉丝转化率

粉丝是直播间的固定受众，直接影响直播带货的效果，因此，提升粉丝转化率对于主播和商家而言至关重要。以下介绍几种常见的提升粉丝转化率的技巧。

（一）利益提醒

1. 直播间活动提醒

在直播间，主播可以利用一些关键词来吸引消费者关注，最常用的有提醒上新活动、提醒优惠活动、粉丝专享价和粉丝抽奖等，如图 4–6 所示。

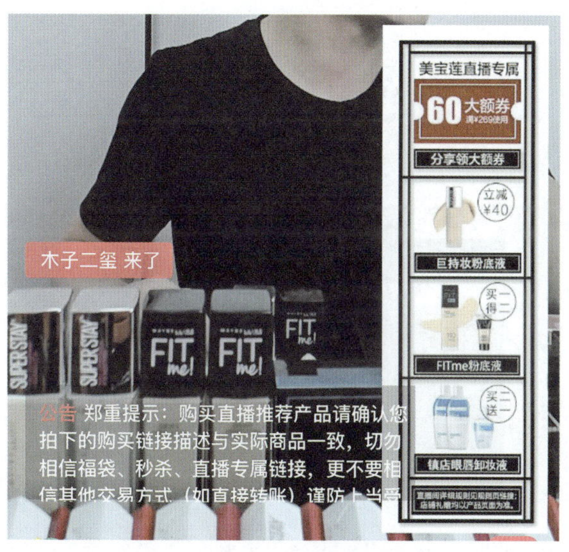

图 4–6　直播间活动提醒

提醒上新活动包括上新 × 折、上新满减、上新立减等。

提醒优惠活动就是直播商家为了吸粉，给粉丝提供一系列让利活动，例如秒杀、满包邮、满几送几等。

粉丝专享价，即直播商家可针对店铺粉丝人群定向发放粉丝专享优惠价格，是一种只有在直播间关注主播才能享有的福利，目的就是促进粉丝关注和转化。

粉丝抽奖是为已经关注主播的粉丝定制的活动，只有关注主播的粉丝才能参与抽奖，是提升粉丝转化率的主要方式之一。具体操作时，主播告知粉丝关注并点赞后可参与抽奖，与此同时，后台配合弹出提醒，如图 4–7 所示，引导粉丝关注。

图 4–7　直播间后台弹出提醒

2. 内容预告

主播在直播开播前将直播内容通过各种途径告知客户和粉丝。这里需要注意的是，主播设置的直播内容应有一定的吸引力，例如，专业主播可以利用自己的专业知识去吸引消费者。很多服装主播通过介绍色彩搭配或者服装搭配技巧来吸引粉丝注意力，通过分享个人专业经验达到提升粉丝转化率的目的。

3. 粉丝等级福利

粉丝等级体现了粉丝的活跃度，等级越高，则活跃度越高。粉丝等级福利是指不同等级的粉丝能够享受不同级别的福利。通过不同等级粉丝的福利，刺激粉丝的关注度，促进粉丝在直播间开展互动，提升等级，以便享受更高福利。这是目前经实践证明效果较好的互动转粉技巧之一。

（二）工具提醒

1. 场景工具提醒

主播在直播前可以准备一些小黑板、电子牌和自制海报等提醒工具，放大产品的利益点、关注点等内容，由此起到视觉提醒和强调的作用，吸引直播间粉丝注意力，如图 4-8 所示。

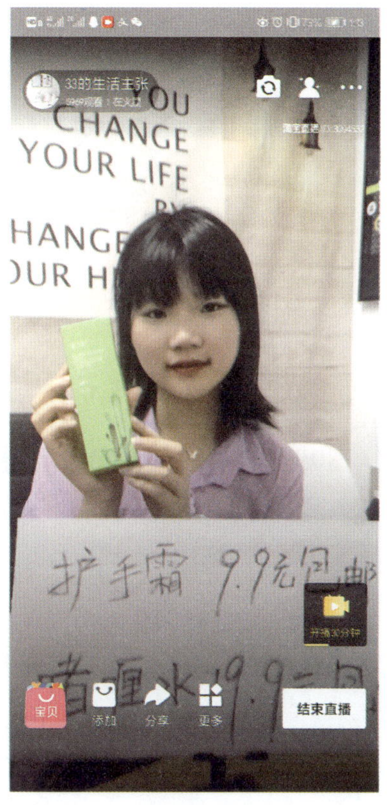

图 4-8 直播间场景工具提醒

2. 后台工具提醒

（1）关注抢红包，可分为现金红包和支付宝口令红包。抢现金红包可有效刺激粉丝活跃度，从而提升粉丝转化率；抢支付宝口令红包，即利用支付宝设置一个口令红包，并且在直播间发布支付宝口令，进行抢红包活动。

（2）提醒粉丝关注语。在直播间上方可设置红色公告，说明粉丝关注后的相关活动，起到利益提醒作用。

（3）使用后台关注引导工具。主播可利用后台关注引导工具，适时弹出相应的提示框，提醒客户关注，提升直播间粉丝转化率。

主播也可以利用自动关注插件，设置直播过程中每 5 ~ 10 分钟自动弹出关注提醒，提升关注效率。据相关研究数据显示，这一方式能够帮助直播间提高约 20% 的粉丝转化率。

（三）制作吸粉脚本

所谓吸粉脚本就是在单场直播脚本的基础上通过对开播前场景布置、播出内容设置、播出中提醒设置、结束前活动设置等环节的优化，进一步提升直播吸粉效果的脚本。

1. 开播前场景设置

第一，在脚本中增设优惠道具，如摆放主产品的周边产品或试用产品小样等；第二，在脚本中增设关注引导，如可以在直播中书写关注信息的小黑板等；第三，在脚本中增设直播专享价道具，如自制的优惠价格表等。

2. 播出内容设置

第一，在脚本中适当的位置注明“提醒粉丝截屏打卡”；第二，在脚本中适当的位置注明“设置粉丝定向推送”；第三，在脚本中适当的位置注明“设置自动关注提醒”。

3. 播出中提醒设置

第一，在脚本中适当的位置注明“要在直播中不间断发放淘金币或红包”，引导粉丝关注；第二，在脚本中适当的位置注明“要在直播中对下一个环节的内容进行提前预告”，留住想离开直播间的粉丝；第三，在脚本中适当的位置注明“要在直播中定时宣布点赞数，达到点赞数后将进行抽奖”，鼓励粉丝点赞；第四，在脚本中适当的位置注明“要在直播中分享只有在直播间才能领取的限定奖品或者额外优惠等”，维持粉丝忠诚度。

4. 结束前活动设置

第一，在脚本中标注“直播结束前需预告明日活动”或“上新剧透”，吸引粉丝持续关注；第二，在脚本中标注“直播结束前要进行最后一轮的粉丝抽奖”，鼓励粉丝看完整场直播；第三，在脚本中标注“直播结束前要再次与粉丝互动，如问好、祝福等”，给粉丝留下好印象。

培训大纲建议

一、培训目标

通过培训，培训对象可以从事电商直播行业主播岗位工作。电商直播行业主播这一岗位指的是在网络直播平台或直播软件上通过讲解和展示来销售商品的人，该岗位与娱乐主播最大的不同在于，他服务于电商平台，以商品销售为主要目的。

1. 理论知识培训目标

（1）了解电商主播应具备的职业道德和工作职责。

（2）了解电商主播的基本素养。

（3）熟悉主流直播平台的基本规则。

（4）掌握直播展示的基础知识。

（5）掌握售后服务的基础知识。

（6）掌握粉丝营销的基础知识。

2. 操作技能培训目标

（1）了解主流直播平台的账号开通流程和操作方法。

（2）了解符合选品要求的直播间搭建技巧。

（3）熟悉短视频的拍摄和剪辑方法。

（4）熟悉运用引流工具为账号引流的方法。

（5）掌握直播话术的运用技巧及直播互动方法。

（6）掌握直播过程中产生订单的处理方法。

二、培训课时安排

总课时数：40 课时

理论知识课时：13 课时

操作技能课时：27 课时

具体培训课时分配见下表。

培训课时分配表

<table>
<tr><th>培训内容</th><th>理论知识课时</th><th>操作技能课时</th><th>总课时</th><th>培训建议</th></tr>
<tr><td>培训任务一　认识电商直播</td><td>2</td><td>0</td><td>2</td><td rowspan="3">重点：职业道德的基本要求，工作职责的主要内容
难点：如何按照电商主播的职业道德、职业素养和知识技能要求规范主播言行
建议：职业道德和职业素养的基本要求结合实例讲解为佳，运用启发式和讨论式教学</td></tr>
<tr><td>学习单元 1　新零售时代的电商直播</td><td>1</td><td>0</td><td>1</td></tr>
<tr><td>学习单元 2　电商直播从业人员要求</td><td>1</td><td>0</td><td>1</td></tr>
<tr><td>培训任务二　电商直播准备</td><td>5</td><td>8</td><td>13</td><td rowspan="5">重点：主流直播平台的账号开通方法；根据产品特征装修符合卖点及主播气质的直播间
难点：没有店铺的主播如何选择适合自己的产品；短视频的拍摄技巧和剪辑方法
建议：先由教师讲解知识点，再进行示范操作，学员可 2~3 人一组，互相练习、评议</td></tr>
<tr><td>学习单元 1　开通直播权限</td><td>1</td><td>2</td><td>3</td></tr>
<tr><td>学习单元 2　直播选品</td><td>1</td><td>1</td><td>2</td></tr>
<tr><td>学习单元 3　搭建直播场景</td><td>1</td><td>1</td><td>2</td></tr>
<tr><td>学习单元 4　拍摄直播短视频</td><td>2</td><td>4</td><td>6</td></tr>
</table>

续表

<table>
<tr><th>培训内容</th><th>理论知识课时</th><th>操作技能课时</th><th>总课时</th><th>培训建议</th></tr>
<tr><td>培训任务三　开展电商直播</td><td>4</td><td>14</td><td>18</td><td rowspan="4">重点：直播前期和中期如何为直播间获取流量；主播如何进行直播互动，调动粉丝积极性
难点：自然熟练地直播展示产品
建议：先由教师示范操作，学员可2～3人一组，互相练习、评议</td></tr>
<tr><td>学习单元1　账号引流</td><td>2</td><td>6</td><td>8</td></tr>
<tr><td>学习单元2　直播展示</td><td>1</td><td>4</td><td>5</td></tr>
<tr><td>学习单元3　直播表现技巧</td><td>1</td><td>4</td><td>5</td></tr>
<tr><td>培训任务四　粉丝互动营销</td><td>2</td><td>5</td><td>7</td><td rowspan="4">重点：运用话术调动粉丝积极性，加强直播间互动性；引导粉丝产生购买欲望
难点：策划营销策略，提升订单转化率
建议：先由教师讲解案例及操作技巧，学员模仿操作练习</td></tr>
<tr><td>学习单元1　订单处理</td><td>1</td><td>2</td><td>3</td></tr>
<tr><td>学习单元2　粉丝营销</td><td>1</td><td>3</td><td>4</td></tr>
<tr><td>合计</td><td>13</td><td>27</td><td>40</td></tr>
</table>